Ihr seid Christen, und ich – nur ein Mensch

Hermann Hesse in Stetten

Lebenszeugnisse,
Briefe,
unveröffentlichte
Dokumente

Herausgegeben von der
Diakonie Stetten e. V.
Schloßberg 2, 71394 Kernen i. R.

Layout und Druck
Berufsbildungswerk Waiblingen

Buchbinderische Verarbeitung
Berufsbildungswerk Waiblingen und
Buchbinderei Riethmüller, Stuttgart

Umschlaggestaltung
Andrea Steinmeyer, Weinstadt

IBM FORUM:
HandicapCenter, Stuttgart

Mit freundlicher Unterstützung
Papierfabrik Albbruck
GmbH & Co. KG
79774 Albbruck

ISBN 3-00-004008-0

Inhalt

Dieser Band wurde als Lernprojekt von Auszubildenden der Druckerei und Buchbinderei des Berufsbildungswerkes Waiblingen hergestellt.

Die Herausgabe erfolgt aus Anlaß des 150jährigen Jubiläums der Diakonie Stetten.

Die Texte sind dem Band *Hermann Hesse, Kindheit und Jugend vor Neunzehnhundert*, herausgegeben von Ninon Hesse, suhrkamp taschenbuch 1002, 1984, entnommen.

Die Handschriften Hesses befinden sich im Schiller-Nationalmuseum - Deutsches Literaturarchiv, Marbach am Neckar.

Das Familienfoto und die Aufnahme Kurhaus Bad Boll entstammen dem Band *Hesse, Sein Leben in Bildern und Texten*, herausgegeben von Volker Michels, insel taschenbuch 1111, 1987.

Die hier erstmals veröffentlichten Dokumente und Fotos enstammen dem Archiv der Diakonie Stetten, 71394 Kernen im Remstal.

Hermann Hesse in Stetten

Anläßlich ihres 150jährigen Bestehens veröffentlicht die Diakonie Stetten, die ehemalige Anstalt Stetten, Briefe von Hermann Hesse, Korrespondenz mit seiner Familie, mit Eltern, Angehörigen und Freunden, mit teilweise bislang unveröffentlichten Dokumenten. Die Diakonie Stetten gedenkt damit in ihrem Jubiläumsjahr ihres prominentesten Bewohners. Die Briefe und Dokumente sind nicht nur als erste literarische Spuren des jungen Hesse wertvoll und interessant, sie sind auch biographische Zeugnisse über die pubertäre Entwicklung eines sensiblen Jungen an der Schwelle vom Kind zum Mann, mit all den widerstreitenden Kräften im Fühlen und Denken. Die Briefe geben uns über die Reaktionen der Erwachsenenwelt hinaus aber auch Einblick in zeitgeschichtliche Zusammenhänge, sie geben uns Auskunft über den Zustand der Bildungs-, Heil- und Pflegeanstalten und deren damalige konzeptionelle Grundausrichtung. Dabei werden in zeitgeschichtlich spezifischer Einbettung Grundfragen der Pädagogik aufgeworfen, die für uns auch heute noch aktuell sind.

Wir schreiben den 22. Juni 1892.

Hermann Hesse steht, begleitet von seiner Mutter Marie Hesse, seinem Onkel David Gundert (dem Bruder der Mutter) und seinem Halbbruder Theodor Isenberg (Sohn der Mutter aus der ersten Ehe mit dem verstorbenen Missionar Charles Isenberg) am Tor der Heil- und Pflegeanstalt für Schwachsinnige und Epileptische im Schloß Stetten bei Cannstatt. Pfarrer Blumhardt hatte nach einem angeblichen Selbstmordversuch Hermanns in Bad Boll der Familie Hesse geraten, "zu Pfarrer Schall nach Stetten zu gehen, und zwar unangemeldet, mit Sack und Pack vor ihn hinstehen und bitten, daß er Hermann nimmt, sonst behalte er ihn keinesfalls." (Tagebuch der Familie Hesse/Isenberg).

Was war geschehen?

Der am 2. Juli 1877 in Calw (Württemberg) als Sohn des baltischen Missionars und späteren Leiters des Calwer Verlagsvereins Johannes Hesse und Marie Hesses, verwitwete Isenberg, geb. Gundert, der ältesten Tochter des namhaften Indologen und Missionars Hermann Gundert, geborene Hermann Hesse ist in den Jahren 1891 und 1892 ein für Mitschüler und Lehrer sehr schwieriger Schüler im Evangelischen Klosterseminar Maulbronn.

Der sensible und intelligente 14jährige lebt teilweise in Phantasiewelten, so daß seine Seminarkollegen ihn "für geisteskrank halten und sich vor ihm fürchten." Hermann Hesse bedroht seine Mitschüler und fordert sie zum Duell heraus, so daß es zunehmend zu Beschwerden von Eltern seiner Mitschüler kam. Nachdem er beseelt von der Idee "entweder Dichter oder gar nichts" zu werden im April 1892 einen Fluchtversuch aus dem Kloster Maulbronn unternommen hatte, werden im Lehrerkollegium Stimmen laut, die die Entfernung Hermanns aus dem Seminar fordern.

Man einigt sich mit den Eltern darauf, daß Hermann ein Semester aussetzen solle, und empfiehlt, ihn zur Besserung und Heilung seines Nervenleidens zu Pfarrer Christoph Blumhardt ins Kurhaus nach Bad Boll zu schicken.

Am 7. Mai reist Mutter Marie Hesse mit ihrem Sohn Theodor nach Maulbronn und von dort zusammen mit Hermann nach Bad Boll. Hermann lebt sich hier schnell und gut ein. Er genießt die Freiheiten und die Möglichkeiten, die das Kurhaus ihm bietet: neben literarischen Studien und philosophischen Diskursen mit Boller Mitarbeitern und Kurgästen das Musikhören, Selbstmusizieren, Tanzveranstaltungen, das Kegelspielen usw. Hesse berichtet in seinen Briefen aus Bad Boll aber auch über andauernde Kopfschmerzen und Schlaflosigkeit. Für Pfarrer Christoph Blumhardt kann es "eine Gestörtheit sein und ein tieferes Seelenleiden vorliegen, es kann aber auch bloß eine Verschränktheit sein infolge der Schulbildung. Nicht alle jungen Leute ertragen die heutige Art des Studierens und verlieren sich selbst."

Hermann äußert sich in seinen Briefen sehr positiv über sein Leben in Bad Boll; er ist seinen Eltern dankbar, daß sie die Kosten von RM 3,- je Tag für seinen Aufenthalt in Bad Boll aufbringen.

Die Situation verändert sich dramatisch, als Hesse sich in die acht Jahre ältere Eugenie Kolb verliebt und diese Liebe nicht erwidert wird. Hesse borgt sich DM 25.-, kauft einen Revolver und droht, sich zu erschießen. Am 20. Juni 1892 schreibt Christoph Blumhardt an Marie Hesse: "Heute lief uns Ihr Sohn weg mit Hinterlassung von Selbstmorddrohungen ... Ich nehme es als Bubenstreich, aber in so krankhafter Weise, daß ich dringend mit Ihnen beraten muß." Blumhardt rät, "schmerzlich grüßend", Hesse aus Bad Boll zu entfernen und ihn zu Sanitätsrat Landerer nach Göppingen zu bringen. Nachdem dieser es ablehnte, einen so jungen Knaben in eine Irrenanstalt zu tun, kam Hesse schließlich am 22. Juni 1892 in die Anstalt Stetten. In seiner ersten Reaktion rief Hesse, als er den Schloßhof in Stetten betrat: "In das Gefängnis wollt ihr mich sperren? Lieber springe ich in den Brunnen dort!"

"Nachdem aber Pfarrer Schall nur etliche Worte mit ihm gesprochen, erklärte er sich bereit, freiwillig dazubleiben." (Tagebuch der Familie Hesse/Isenberg).

Hermann fühlt sich schnell wohl in Stetten. Die Korrespondenz zwischen Inspektor Schall und der Familie Hesse, zwischen Hermann und seinen Eltern, bringt große Zufriedenheit zum Ausdruck. Hermann arbeitet fleißig, hat einen geregelten Alltag mit festen Arbeitsrhythmen und darf über die körperliche Arbeit im Garten hinaus "seinen Livius studieren" und die Lehrer beim Schulunterricht unterstützen. Hermann bittet seine Eltern um Verzeihung und spricht vom Segen der Arbeit. Pfarrer Schalls Einschätzungen und Beobachtungen sind ambivalent. Zwar stabilisiert sich Hermann, fügt sich "völlig in die Ordnung, arbeitet fleißig und schläft ... ruhig die ganze Nacht," andererseits ist er aber auch "ein arger Stubenhocker", den man "oft aus dem Zimmer treiben" muß. Schall hält Hermann für ein "schalloses Ei" und er "scheint sich des Vollgefühls seiner Gesundheit zu erfreuen ... Er ist voller Leben. Ob zu seinen Verirrungen nicht auch das Romanlesen beigetragen hat, wodurch er in eine ganz andere Welt versetzt wurde und mit der Wirklichkeit nicht mehr rechnete ...", sind Fragen, die Zweifel an Hermanns Stabilität aufwerfen. Insgesamt ist man sich einig, daß ein Aufenthalt in Stetten auf Dauer nicht sinnvoll wäre. So wird Hermann am 5. August 1892 aus der Anstalt Stetten entlassen und kommt mit seinem Vater zurück ins Elternhaus nach Calw.

Der Aufenthalt zu Hause nimmt einen krisenhaften Verlauf, Konflikte zwischen Hermann und seinen Eltern spitzen sich zu. Überlegungen zu Hermanns weiterer Schulausbildung beispielsweise in Reutlingen - eine Rückkehr ins Seminar nach Maulbronn scheidet für ihn von vornherein aus - bleiben ergebnislos. Hermann ist "entsetzlich aufgeregt und gereizt ... klagte über Langeweile und tat nicht, was Vater und Doktor verlangten." Er neigt zu Wutausbrüchen und ist streitsüchtig mit seinen Eltern. Die Familie sieht keinen anderen Ausweg, als auf das Angebot von Inspektor Schall - "daß die Anstalt natürlich jederzeit offen steht" - zurückzugreifen und so wird Hermann am 22. August nach Stetten zurückgebracht.

"Furchtbare Erbitterung bei H. gegen uns war die Folge." (Tagebuch der Familie Hesse/Isenberg). Hermann Hesse bricht mit dem Elternhaus. Ein Gedicht vom 21. August, dem Tag vor der Rückkehr nach Stetten, beginnt mit den Zeilen: "Leb wohl du altes Elternhaus, ihr werft mit Schande mich hinaus ..." Hermann beschimpft seine Eltern, schreibt vom "unseligen Jahr 1892! ... alles habe ich verloren: Heimat, Eltern, Liebe, Glaube, Hoffnung und mich selbst ... Stetten ist mir die Hölle." Daß er Briefe mit "Achtungsvoll Hermann Hesse, Nihilist (haha!)" unterzeichnet, weist darauf hin, daß die Auseinandersetzung des Pubertierenden nicht nur die elterliche, die väterliche Autorität zur Zielscheibe haben, sondern auch eine Auseinandersetzung mit Glaubensfragen, mit seiner christlichen Erziehung sind. Daß sein Vater Johannes Hesse gerade der, gegen den er sich massiv auflehnt, ihm in einem Brief vom 10. September hilflos mitteilt, daß er mit seinem Sohn fühle und ihn verstehe, denn ähnliche Stimmungen, Gefühle und Gedanken seien auch ihm nicht fremd geblieben, scheint für Hermann eine Provokation zu sein. In seinem sehr ausführlichen Brief vom 11. September treibt Hesses Abrechnung mit dem Vater, mit Autoritäten und der ihn umgebenden Welt insgesamt in scharfer, intellektuell differenzierter und teilweise sarkastischer Argumentation einem Höhepunkt zu. Ein unbändiger jugendlicher Freiheitsdrang wird spürbar; Hermann fühlt sich eingeengt von denen, die sein Bestes wollen.

Entwicklungspsychologisch gesehen begeht Hermann Hesse in seinem Brief vom 14. September den Vatermord, wenn er seinen Vater mit "sehr geehrter Herr" und mit "Sie" anredet. "Vater", so schreibt Hesse, "ist doch ein seltsames Wort, ich scheine es nicht zu verstehen. Es muß jemand bezeichnen, den man lieben kann und liebt so recht von Herzen. Wie gern hätte ich eine solche Person! Könnten Sie mir nicht einen Rat geben." Auch mit der Autorität des Inspektors rechnet er ab. "Mit Herrn Schall mag ich nicht verhandeln, der herzlose Schwarzfrack ist mir verhaßt, ich könnte ihn erstechen." Hesses Distanzierung von seiner Umwelt gipfelt in der Aussage "wenn ich Pietist und nicht Mensch wäre, wenn ich jede Eigenschaft und Neigung an mir ins Gegenteil verkehrte, könnte ich mit ihnen harmonieren." Er bezeichnet sich als "Welthasser, eine Waise, deren Eltern leben, als Anarchisten" und er zeichnet seinen Brief mit H. Hesse, Gefangener im Zuchthaus zu Stetten.

In den nachfolgenden Briefen (ab dem 22. September 1892) hat sich Hesses kämpferische und auflehnende Haltung und Stimmung in Verzweiflung gewandelt. Er bittet seine Eltern um Verzeihung und fleht darum, endlich aus Stetten weg zu dürfen. In den darauffolgenden Tagen entwickelt sich die Perspektive, daß Hermann zum weiteren Studium in die Familie von Pfarrer Pfisterer in Basel aufgenommen werden könnte. Am 5. Oktober 1892 tritt Hesse endgültig aus der Anstalt Stetten aus und reist nach Basel.

Bereits im jungen Hermann Hesse des Jahres 1892 schlummerten die Sensibilität, die Intelligenz und die Genialität, die ihn später zum berühmten Schriftsteller und Dichter werden lassen sollten. Hesse, intelligent und belesen, sucht fragend seinen Weg. Er wächst in einem Milieu auf, in dem er nach eigenen Bekunden zwar keine Prügel bekommt wie seine Altersgenossen, das aber geprägt ist durch eine enge, stark moralisch insistierende Erziehung, deren Ziel es ist, das Böse im Heranwachsenden zu bekämpfen, eine Erziehung, die seine Neugier, seinen Entdeckungs- und Spieltrieb im Zweifelsfall mißtrauisch beschneidet und seiner Phantasie mit Skepsis und Argwohn begegnet. Die Rebellion des frühreifen jungen Hermann richtet sich zwar in erster Linie gegen die väterliche Autorität, gegen den Vater, auch als Repräsentanten dieses einengenden bürgerlichen Milieus. Seine Auflehnung richtet sich gegen alle Autoritäten überhaupt, die seinen unbändigen Freiheitsdrang und sein künstlerisches Streben beschneiden. So dokumentieren die Briefe auch die krisenhafte Loslösung aus Glaubens- und Autoritätsbindungen in die Freiheit des Schriftstellertums.

Daß diese Auseinandersetzungen phasenweise aggressive, dramatische und schrille Formen angenommen haben, erscheint uns heute eher nachvollziehbar und verständlich. Hesses Zeitgenossen jedoch - Ärzte, Lehrer, Verwandte - hatten für die Rebellion gegen die Enge des pietistisch bürgerlichen Milieus nur eine Erkrankung als Erklärung parat; die Diagnosen reichten von einer Erkrankung der

Nerven über allgemeine Verstimmtheit bis hin zu primärer Verrücktheit. Ein Indiz für eine Verletzung an Hesses Seele mag die Tatsache sein, daß er sich im Jahr 1916 nach einem Nervenzusammenbruch - ausgelöst durch den Tod des Vaters, die Erkrankung seiner Frau an Depression und den äußeren Druck des ersten Weltkrieges - erstmals in psychotherapeutische Behandlung begab und im Jahr 1921 sich einer Psychoanalyse bei C. G. Jung in Küssnacht unterzog.

Ganz ohne Zweifel war das Schloß Stetten, die Heil- und Pflegeanstalt für Schwachsinnige und Epileptische, für den jungen Hermann Hesse kein adäquater Aufenthaltsort. Hesses Institutionsgeschichte, seine Erfahrungen in Maulbronn, Bad Boll und Stetten, stellen für uns heute jedoch aus der historischen Perspektive die pädagogische Grundfrage neu, ob unsere Einrichtungen und Institutionen den Bewohnerinnen und Bewohnern genügend Raum geben zur individuellen Entwicklung und Entfaltung und zur Befriedigung subjektiver Bedürfnisse.

Selbstverständlich bekennen sich die modernen pädagogischen und therapeutischen Theorien zum Subjekt und stellen das Individuum in den Mittelpunkt aller konzeptionellen Überlegen. Hesses Briefe können wir aber auch gerade deshalb als Aufforderung begreifen, uns immer wieder zu fragen, ob wir den individuellen Bedürfnissen der Bewohnerinnen und Bewohner in unseren sozialen Institutionen ausreichend Rechnung tragen und um uns selbst zu prüfen, inwiefern unsere Strukturen betreute Menschen zu Objekten machen und u.U. die individuelle Lebensgestaltung zu sehr einschränken.

Deuten wir auch schwieriges Verhalten, zunächst vielleicht unerklärliche Phänomene wirklich richtig?

Das läßt uns der junge Hermann Hesse des Jahres 1892 hoffentlich noch oft fragen.

Allen Leserinnen und Lesern, ob biographisch, literarisch, zeitgeschichtlich oder pädagogisch interessiert, wünsche ich eine anregende und spannende Lektüre.

Kernen im Remstal, im Januar 1999

Dr. Ulrich Raichle
Pädagogischer Vorstand

9

**Hermann Hesse,
sechzehnjährig;**
ein Jahr nach der
Niederschrift seiner
Stettener Briefe

Johannes Hesse in Calw

Das Unnormale besteht darin, daß Du Dich in Deinem Urteilen, Reden und Handeln ausschließlich von den Lust- und Unlustempfindungen, nicht von sittlichen Gesichtspunkten bestimmen läßt.
Aus einem Brief des Vaters vom 10.9.1892

Hermann Hesse und seine Geschwister im Oktober 1893

anläßlich der Verlobung seines Halbbruders Theo Isenberg. Von links nach rechts: Marulla Hesse, Karl Isenberg, H. H., die Verlobten Martha (Cohen) und Theo Isenberg, Adele Hesse und Hans Hesse.

Selige Wochen in Bad Boll

14

Kurhaus Bad Boll,
Christoph Blumhardts Vater richtete hier nach 1852 ein religiöses Erwekkungs- und Heilungszentrum ein.

15

Christoph Blumhardt (1842-1919), mit Hesses Eltern befreundeter Leiter des Kurhauses Bad Boll. (Foto Anfang der 90er Jahre)

Aus dem Tagebuch von Marie Hesse (Schwarzes Wachstuchheft)

[...] Von Maulbronn schrieb uns Hermann einen kuriosen Brief, uns mit "Sie" anredend. Am 4. Mai schrieb uns David, daß ihm Professor Hartmann mitgeteilt, sein Sohn und Genossen halten unsern H. für geisteskrank und fürchten sich vor ihm.

Wir möchten ihn doch wegholen und von einem Arzt beobachten und behandeln lassen. Dr. Zahn sprach von Irrenärzten und -anstalten, allein das nahm ich nicht an und wehrte mich entschieden dagegen, denn das wäre der beste Weg, unser nervenkrankes Kind geisteskrank zu machen. Also kamen wir auf Boll und fragten dort an. Nach einem ungemein freundlich zusagendem Brief von Herrn Pfarrer Blumhardt, reiste ich Samstag, 7. Mai am Morgen mit Theodor nach Maulbronn, H. zu holen. Wir hatten Herrn Ephorus Palm geschrieben und ihn gebeten, mit H. zu sprechen. Der Brief war durch Versehen ungelesen geblieben und so war niemand vorbereitet, als wir ankamen. Herr und Frau Ephorus waren äußerst teilnehmend und entgegenkommend. In größter Eile mußte nun beraten, gepackt und abgereist werden. Hermann schien still und mit allem zufrieden, stellte gar keine Fragen. Herr Ephorus hatte von zwei Vätern von Seminaristen Zuschriften bekommen, wegen H. Drei Lehrer und der Arzt hatten um H.'s Entfernung gebeten, nur der Ephorus und Professor Walz glaubten nicht an Geistesstörung und hofften, er komme bald wieder zurecht. Repetent Wüterich hatte ihn vor jenem Entweichen sehr blaß und leidend aussehend und still gefunden, jetzt dagegen aufgeregt, oft ausgelassen. Er habe keinen festen Willen mehr vor lauter Phantasie, meinte er. Jedenfalls war's für Herrn Ephorus Palm eine Erleichterung, daß wir Schritte taten. Er meint, H. solle dies Semester aussetzen.

So reisten wir nach Boll, wo wir zum Nachtessen ankamen, und neben Herrn Pfarrer Blumhardt [1] gesetzt wurden, der sehr herzlich war und durch seine originale Art auch Hermann anzog. Sonntag blieben wir ruhig, der Herr Pfarrer war bei einem Fest in Stuttgart; Montag [9. Mai] reiste Theo ab und wir begleiteten ihn nach Göppingen, wo wir Luise Wurm und ihren Kleinen sahen und einiges besorgen mußten. H. begegnete früheren Kameraden und sprach unbefangen mit ihnen. Dienstag erst [10. Mai] konnte ich mit Herrn Pfarrer auf seinem Zimmer eingehend sprechen. Dienstag nach Tisch reiste ich ab; H. war ganz ruhig und natürlich, dankte mir, daß ich gekommen sei und ihn mitgenommen habe. Wird er nun sich von Herrn Pfarrer Bl[umhardt] wirklich beeinflussen lassen und ihm folgen: Dann kann man viel hoffen. Tut er das nicht, so hilft auch Boll nichts, und dann kann's bloß schlimmer werden. Ich bin wie vernichtet, wund an Gemüt und Nerven, Tag und Nacht muß ich denken: Was treibt H. jetzt? [...]

(1) Christoph Blumhardt der Jüngere, Pfarrer in Bad Boll, 1842-1919.

17

Christoph Blumhardt an Johannes Hesse

Bad Boll, 5. Mai 1892

Lieber Herr Hesse!

Gerne bin ich bereit, Ihren Sohn aufzunehmen und mit wärmster Teilnahme will ich mich seiner annehmen und sehen, wo der eigentliche Grund seiner Mißbildung liegt. Es kann eine Gestörtheit sein und ein tieferes Seelenleiden vorliegen, es kann aber auch bloß eine Verschränktheit [?] sein in Folge der Schulbildung. Nicht alle jungen Leute ertragen die heutige Art des Studierens und verlieren sich selbst. Es wird viel darauf ankommen, wie er's aufnimmt, daß er hieher kommt. Ich rate, ihm selbst zunächst den Gedanken hieher zu kommen, vorzulegen, daß sich in ihm selbst die Veränderung seiner Lebensstellung vorbereiten kann und es ihm nicht als eine Gewaltmaßregel erscheint. Vielleicht erkennt er selbst an, daß etwas Krankhaftes ihn umtreibt, daß er gerne etwas für seine Gesundheit tut. Aber schroffes Behandeln muß vermieden werden; denn nur langsam wird sein Geist sich zurechtfinden. Ich lasse ihn bestens grüßen und es würde mich freuen, wenn er Vertrauen fassen könnte, bei mir Verständnis zu finden. Sollte es mir gelingen, ihn ein wenig für praktische Tätigkeit zu interessieren, so wäre viel gewonnen; denn Arbeit mit den Händen ist Speise für die Seele.

Ich will mein Möglichstes tun und grüße Sie herzlich und ganz besonders den lieben Papa Gundert, welchem ich mich in sein Gebet empfehle.

Ihr ergebener Christoph Blumhardt

Hermann Gundert an seinen Sohn Hermann

Calw, 9. Mai 1892

[...]

Mit H. H. hatten wir indeß eine kuriose Geschichte. Professor Hartmann, der auch einen Sohn in Maulbronn hat, kam zu David und erzählte ihm, was dieser von H. H. schreibe, daß er das Bedürfnis habe, sich mit jemand herumzuschlagen und darum ihn zum Duell herausforderte. Als der nichts davon wissen wollte, sagte er, er spüre, er müsse vor dem Bettgehen noch Einen umbringen und das sei gerade der Hartmann. Das gab dann Veranlassung zu weiterer Äußerungen über Selbstmord, über das Jenseits (Himmel und Hölle gebe es nicht, wohl aber eine weitere Entwicklung unserer Erkenntnis und Bestrebungen). Sie machten dann ordentlich Freundschaft, aber doch blieb's sonderbar, daß Einer soll ein Tötungsbedürfnis haben, und zwar der nächste Bettnachbar. Zugleich kam auch ein schwärmerischer Brief von dem H. H. an den Theodor, worin er selbst sagt, seine Kameraden halten ihn für verrückt. Jetzt wurde besprochen, was anfangen, das Nächste wäre vielleicht, ihn nach Boll zu tun und der Aufsicht Pfarrer Blumhardts zu übergeben, wenn der sich bereit finden lasse. Er tat's und so reiste Marie am 7. mit Theodor nach Maulbronn, besprach sich mit dem Ephorus Palm, der sehr teilnehmend entgegenkam und fuhr dann mit den beiden Söhnen nach Göppingen und Boll. Theodor wird von da nach Günzburg zurückkehren, übrigens sich nach einer anderen Stelle umsehen. H. H. scheint mit dem Wechsel zufrieden zu sein, versteht sich, für eine kurze Zeit; die Eltern denken aber nicht daran, ihn in diesem Semester wieder nach Maulbronn zu lassen.

[...]

H. H. an Johannes und Marie Hesse

Boll, 10. Mai 1892

Liebe Eltern!
Dank für Mamas Brief und Karte! Mit den Kleidern wird's ja schon gehen.

In den letzten Tagen hatte ich viel Kopfweh und sehr wenig Schlaf: jetzt ist's besser. Ich lasse mir's ziemlich wohl sein, besonders der Aufenthalt im Freien bekommt mir sichtlich wohl. Ich arbeite nichts als Französisch, aber nur in Conversation. Mister Critchlow spricht gut französisch, er lernt von mir German und ich français. Gestern sagte ich ihm donner, finir, recevoir, être und avoir her und er das Deutsche dazu. An ihn habe ich mich überhaupt angeschlossen, er ist gutmütig und nett, nur eben ein Yankee. Er trägt meistens einen großen Löwenzahn (Leontodos) im Knopfloch. Das ist seine Lieblingsblume. Ich spiele mit ihm oft Halma, dann und wann ein Billard. Herrn Schlaich komme ich auch näher, er ist ganz nett. Abends spiele ich meist mit Fräulein Lessing aus Tübingen, Herrn Critchlow und Herrn Schlaich Halma. Gestern kamen zwei Damen hier an, von denen die jüngere positiv häß-

lich ist. Sie erinnert an einen katholischen Stadtpfarrer. Die ältere sieht auf und nieder Herrn Professor Schmidt gleich, gelb, bebrillt, streng, gelehrt, überaus pedantisch. Herr Pfarrer gefällt mir außerordentlich. Neulich sagte er: Es ist ein Unsinn, eine Lüge zu sagen. Das Christentum ist gut, schön, edel etc. Nix ischs, der ganze Lumpenpack hat von einem Christus aber auch von Moral keinen Geschmack. Eine Predigt von ihm fing neulich mit dem Donnerwort an: "Verzeiht mir! Ihr seid alle Michel!".

Auch in der Kirche ist er derb originell. Er sagt z. B. offen, wenn es von ihm abhinge, wäre Konfirmation etc. bald abgeschafft. Viele Pfarrer finden in der Predigt nur Scheltworte, sie können nur sagen: Ihr seid elende Sünder etc! Ihr Narren, was macht's, wenn ich ein Sünder bin? Das weiß ich selber, darauf kommt's nicht an, wenn ich einen Schein von Gott, von Wahrheit habe, kann ich ein Ehebrecher, kann ein Mohamedaner sein, und bin mehr wert als die ganze jetzige Christenheit, etc. etc.

Mit Gruß von Herrn Pfarrer, Herrn Brodersen, etc.

Hermann

Bitte Großvater, alle Verwandten und Bekannten herzlich zu grüßen.

H. H. an Johannes und Marie Hesse

Bad Boll, 23. Mai 1892

Liebste Eltern!

Dank für die Sendung, besonders für die Kleider und Spielbuch. [1]

(1) Johannes Hesse, Das Spiel im häuslichen Kreise. Ein Ratgeber für die Familie. Stuttgart, Verlag von D. Gundert.

Von meinem Leben hier wird Euch wohl Theo erzählt haben. In letzter Zeit und jetzt noch bin ich weniger wohl. Es fehlt eben der Schlaf bei Nacht. In meinem Kopf ist's so heiß, ich spüre meist so einen unbestimmten, drückenden Schmerz, besonders in Brust und Stirn, daß ich mich noch nicht recht hier anschließen konnte. Ach, ich möcht' Euch so gerne schreiben, daß mir's wohl sei, daß ich singe und springe, daß ich fröhlich und munter, kräftig sei, aber so wird mir das Schreiben schwer; allerdings ist's besser als es in Maulbronn war.

Im Kloster war ich in schrecklicher Stimmung, aber der Gedanke freute mich stets, daß ich die Hauptsachen, d. h. Unterricht, Logis und Kost aus fremden Händen erhalte, so halb als Lohn, nahm. Hier ist mir's drückend zu wissen, daß ich ohne Nutzen, ohne Arbeit ein heilendes angenehmes Leben führe auf Eure Kosten. O, wenn dies nicht wäre, wollt' ich immer hier bleiben: Die prächtige Luft, die schöne Gegend, die gute Gesellschaft, der frei familiäre Ton gefällt mir so gut!

Es ist so angenehm, bei jedem Schritt sich besinnen zu dürfen: Ist's auch gesund, ist's nicht aufregend, nicht schädlich. Mitten in der Gesellschaft kann man so schön, so frei sich selber leben. Es ist ähnlich, wie ich mir das Leben im Orient vorstelle: Man braucht nichts als Kleider, das übrige versteht sich von selbst. Immer etwa um die Zeit, da man Hunger hat, läutet die Glocke; zu Bett gehn, aufstehn kann man, wann man will, etc. etc.

Bitte alle Lieben herzlich von mir zu grüßen, auch Theo, wenn er schon da ist.

Mit herzlichem Gruß
H. Hesse

I hope your health is as good as usual, I can say your son likes the place I think pretty well. I shall be several weeks more and shall do what I can to keep him company.

F. C. Critchlow

Hermann Gundert an seinen Sohn Hermann

Calw, Montag, 23. Mai 1892

[Heute diktiere er der Agnes Gundert.] [2]

(2) Tochter von Samuel und Elisabeth Gundert.

[...] Theodor ist gegenwärtig hier, sucht eine neue Stelle; er brachte vier Tage in Boll zu, wo er den Hermann froh und zufrieden traf. [...]

H. H. an Johannes und Marie Hesse

[Bad Boll, 31. Mai 1892]

Liebste Eltern!

Dank für Mutters Brief, auch von Mr. Critchlow.

Es geht ordentlich, d. h. der Schlaf fehlt fast immer und ich bin oft so müde; - aber den Tag über geht's ganz gut; die Ruhe und gute Luft wirkt. Ich bin meist allein; nur beim Kegeln komm' ich mit der Gesellschaft zusammen. Ich studiere viel am Schädel einer Wildkatze, den ich gegenwärtig praepariere.

Mit herzl. Gruß an Alle
H.

Herr Brodersen läßt sich Euch empfehlen. Bitte bei Gelegenheit Briefpapier zu senden, womöglich auch etliche Stahlfedern.

H. H. an Johannes und Marie Hesse

[Bad Boll, 3. Juni 1892]

L[iebe] E[ltern]!

Eben erhielt ich Rechnung für Mai: 66 M. Briefmarken, Papier, Geld hab ich nimmer: daher nur Karte. Ich brauche viel Krägen, wenn heiß, wenig Appetit.

Meine Zeit teilt sich in Billard, Kegeln, Spazierengehen, Schlafen, respective nicht Schlafen, Essen. Das Kopfweh sitzt eben noch am alten Fleck: Mit den Augen geht's sehr ordentlich. Gestern war Herrn Pfarrers Geburtstag mit Hefenkranz. Das Wetter ist schön: Dann und wann wundervolle Gewitter. Es wird viel gesungen, hie und da sogar schön gesungen (Schumann, Schubert, Lassen etc.)

Man bekommt sehr viel Spargeln;
Critchlov grüßt.
Mit Gruß H.

Grüßt Alle, besonders Theo! Ich praepariere einen Katzenschädel, ich habe im Sinn, eine große 1 1/2 m lange Ringelnatter zu erlegen, deren Nest ich fand.

Den Bekannten geht's gut, ich spiele oft Violine, ich arbeite sehr wenig, wie geht's Großpapa?

Herr Schlaich ist fort - auf ewig.

An Adele "Einsam wandelt Dein Freund im Frühlingsgarten" etc.

Entschuldigt die Unordnung: Ich meine immer ich sei fertig, dann fällt mir stets noch was ein.

Mit Gruß Hermann!

(1) Sonate in Fis dur op. 78.

(2) Julius Rössle erzählt in dem Buch "Von Bengel bis Blumhardt", Gestalten und Bilder aus der Geschichte des schwäbischen Pietismus, (Metzingen, Ernst Franz) von Klara Mörikes Bericht über ihren und ihres Bruders Eduard Besuch bei J. Chr. Blumhardt dem Älteren in Möttlingen, im Jahr 1848. Der Pfarrer habe nach dem Abendessen ein Kapitel im N. T. gelesen, hätten sie - etliche 40 Personen waren versammelt - einen Vers gesungen, den B. strophenweise vorsagte, dann sei alles niedergekniet und B. habe ein Abendgebet gesprochen. Nachher habe jeder tun können, was er wollte, Schach spielen, ein Brettspiel, sticken etc.; jeder trieb ungezwungen was er wollte. Ähnlich muß es bei Blumhardt dem Jüngeren in Bad Boll zugegangen sein, und H. H. fühlte sich unendlich wohl bei ihm.
Eduard Mörike beschrieb in einem Brief an Hartlaub wie es dort zuging. Er hatte sich gestärkt gefühlt und B. beim Abschied gebeten, ihm die Hand aufzulegen.

H. H. an Johannes und Marie Hesse

Bad Boll, 4. Juni 1892

Liebe Eltern!

Eben erhielt ich Brief und Geld: schönen Dank für beides. Hoffentlich trifft mein Brief Papa wieder wohler! Wie mir's geht, kann ich nicht eigentlich sagen: Das weniger heiße Wetter tut meinem Kopf wohl, mit dem Schlafen wird's dann schon gehen. Die meiste Zeit den Tag über bringe ich zu, indem ich der Musik zuhöre. Vor allem Beethovens Sonaten lasse ich mir immer wieder spielen, es liegt ein merkwürdiger, halb heiterer, halb düsterer Reiz in den Sonaten; es wechselt epischer Ernst mit lyrischem Tändeln und der wildesten Leidenschaft. Auch die 24. [1], welche Karl oft spielte, höre ich immer wieder und immer gerner. Es ist hier, was H. Weiß in seiner Kritik von Goethes "Tasso" sagt: "Zu diesem Werk kann man zehnmal zurückkehren, und doch nur, um es das elftemal mit noch größerem Vergnügen zu lesen".

Es wird auch oft gesungen. Manche Lieder höre ich immer wieder so gern, so sehr, sehr gern, besonders Schumann, Schubert u.s.w. "Wenn ich in deine Augen seh", "Es war, als hätt' der Himmel", "es zogen zwei muntre Gesellen", "du holde Kunst", "Ich bin hinausgegangen", "Ich hatte einst ein schönes Vaterland", etc. etc.

Auch musiziere ich oft selber, weiß aber nicht ob die Zimmernachbarn sehr erbaut darüber sind. Ich sammle auch alles mögliche aus der Natur, besonders suche ich gern seltene Blumen, Orchideen, Zweiblatt etc, die hier an einzelnen Stellen sich finden.

Heute erwarb ich mir um Bad Boll ein Verdienst, indem ich alle Noten, die hier sind, durchsah und ordnete. Sie waren vorher sehr vernachlässigt gewesen. Allmählich habe ich mich auch zum besten Kegelspieler hier aufgeschwungen. Im ganzen gehe ich mit "der Gesellschaft" wenig um, aber wenn man einmal Kegel spielt, so macht es mich glücklich, auch mal in einer Umgebung zu sein, die sich um mich reißt, und der ich was sein kann. Croquet wird wenig gespielt. Das Kegelschieben auf der jetzt fertigen Bahn schlaucht mich zu sehr, um als Vergnügen gelten zu können. Das Billardspiel pflege ich sehr. [2]

Mein Appetit ist nicht eben groß; doch freue ich mich meistens auf den Kaffee, so jetzt. Oft gehe ich morgens von 6 - 8 spazieren; dann schmeckt das Frühstück sehr! Ich habe es für gut befunden, vor dem Bettgehen einen Schluck Bier zu trinken.

Was soll ich noch sagen? Jaso, Grüße von Herrn Brodersen, ja, besonders läßt er und lasse ich Theo grüßen, dem ich für seine Zeilen, die ich bald erwidern will, herzlich danke.

Mit Kuß: H.

[Auf der Rückseite des Briefes:]
Liebste Mutting!
Bitte erinnere mich im nächsten Brief an Papas Geburtstag. Jetzt denke ich dran, aber wer weiß, ob dies bis übermorgen hält.

Rektor Otto Bauer an H. H.

Göppingen, 8. Juni 1892

Mein lieber Hesse!

Auf Dein 1. Briefle erwidre ich Dir, daß es mich gewiß sehr freuen wird, wenn Du mich einmal von Boll aus besuchen wirst. Wäre ich nicht schon so alt und dabei so viel beschäftigt, so wäre ich schon längst hinausgekommen und hätte nach Dir gesehen. Aber es fällt mir eben alles schwer, was über meinen gewohnten Gang hinausgeht.

Wenn Du dann hieher kommst, bist Du mein Gast über den Mittag, damit ich mich Dir auch etwas widmen kann.

Wie magst Du denken, ich sei böse auf Dich oder es erwarte Dich eine "Predigt" wegen des Vorgefallenen, da ich doch weiß, daß Du krank warst. Ich wünsche nur, daß Du Dich recht in Boll erholen mögest. Keinenfalls solltest Du wieder an die Arbeit gehen, ehe Du ganz gesund bist. Wenn es Dir nun vom Arzt gestattet wird, hieher einen Ausflug zu machen, so wird es mich gewiß sehr freuen, wenn ich Dich bald wieder sehen darf.

Sollten aber ärztliche Bedenken vorliegen, z. B. wegen der Hitze oder Aufregung, so gibst Du mir Nachricht und dann will ich einmal hinauskommen und Dich besuchen.

Recht herzlichen Gruß
Dein getr[euer] ehemal[iger] Lehrer
O. Bauer.

H. H. an Johannes und Marie Hesse

[Boll,] 12. Juni 1892

Liebe Eltern!

Mamas Brief hat mich sehr gefreut, nur die Ermahnung hat mich etwas beleidigt: Dichten sollst Du auf den Geburtstag nicht! Glaubt Ihr denn ich sei noch der alberne Knabe, der Gelegenheitsverse schmiedet, und gar glaubt, andern damit zu gefallen?

Die Trompete ist für mich durchaus wertlos, hier wenigstens; Hans soll sie natürlich haben. Papa habe ich nichts zu geben. Von eig'nen Geburtstagswünschen weiß ich wohl eigentlich nichts.

Vorgestern war ich in Göppingen, aß bei Herrn Rektor, besuchte Onkel Wurm und Frau Schaible. Alle, besonders Herr Rektor, luden mich zu wiederholtem Besuch ein. Wenn ich dann mal komme, soll ich bei Frau Schaible schinden: Sie wünschte es ausdrücklich. Alle lassen Euch sehr grüßen. Ich machte den Weg hin und zurück zu Fuß, so daß ich jetzt noch ganz kaputt bin. Aber ich konnte auf die Strapaze hin zweimal schlafen. Im ganzen geht es gleich, d. h. Kopfweh und Schlaflosigkeit sind immer da, aber ich bin doch hier schon ziemlich stärker geworden. Schade, daß die schöne Zeit jetzt bald um sein wird.

Am meisten gehe ich mit Critchlow, Hengewaldt und Fräulein v. Oldenburg (nicht Altenburg!) um, letztere singt und spielt Kla4.

In letzter Zeit wurde öfter getanzt, besonders Polka, Walzer, Lancier, Mazurka. Ein Bekannter von mir, Herr von Verschner, hat sich gestern mit Fräulein von Arnold verlobt, die er hier in Boll vor 6 Tagen zum erstenmal sah.

[Rückseite des Briefes]

Lieber Papa,
Zum Geburtstag bringe ich nichts als meine herzlichen Wünsche zum Fest selber und für's neue Jahr. Du solltest auch in Boll Dich einmal so recht ausruhn, das würde Dir gewiß sehr gut bekommen.

Mit Gruß und Kuß
H. Hesse

Eben las ich Bellamys "Rückblick" Armer Bellamy! Ja, Glück zu träumen, Gerechtigkeit zu träumen, Wahrheit zu träumen ist leicht, aber undankbare Arbeit, mit der man Andere nur unglücklich oder zu Pessimisten machen kann. Übrigens ein großartiges, wundervolles Gemälde schöner Zeiten, nur, glaub' ich, zu gut, viel zu gut, und nicht einleuchtend genug für das "kritische" (!) Zeitalter!

Lacht über mich, wenn Ihr wollt, traurig ist's aber gewiß, daß wir alles Schöne, Gute, Vollkommene, mit einem Wort das "Glück" immer nur in der Zukunft suchen und wohl auch suchen müssen. Auch Bellamy muß erst ein Wunder erleben, 100 Jahre zu verschlafen ehe er haltbare, befriedigende Zustände findet. Gerne möchte ich auch so jetzt einschlafen, schlafen, bis eine schöne märchenfarbige Zeit kommt; wo Mensch und Natur wieder

gelten und Privilegien und Stand, Rang und Vorurteil, überhaupt unsre jetzige Ordnung und "Gesellschaft" aufhört! Aber wer weiß, vielleicht müßte ich Jahrtausende, nicht unwahrscheinlich ewig schlafen.

Sicher ist der einzige Fehler Bellamys, daß er dies alles schon vom Jahr 2000 etc erhofft. Aber wenn wir auch schon morgen auf das Glück hoffen, was hilft's! Wir leben eben heute. Schade! Schade, daß ein Bellamy-Schwärmer fast nötig entweder die Theorie Schopenhauers oder die entgegengesetzte annehmen muß.

H.

Hermann Gundert an seinen Sohn Hermann

Calw, 13. Juni 1892

[...] [Theodor] kommt heute zum Apotheker Villinger nach Waiblingen und hat also wieder eine Stelle. Von Hermann in Boll hören wir nicht viel, doch freut es ihn, der beste Kegelspieler dort zu sein [...]

H. H. an Johannes und Marie Hesse

Boll, 15. Juni 1892

Liebste Eltern!

Mit der Gratulation bin ich scheints zu spät gekommen, ich weiß das Datum fast nie hier. Seit 3 Tagen ist das Kopfweh schlimmer, vielleicht weil der Regen die Spaziergänge meist unmöglich macht. Ich habe schönste wilde Rosen und duftende Orchideen in meinem Zimmer, vor meinem Fenster blühn Rosen. Ich schicke die letzte Rechnung und bitte, gelegentlich 45 M. zur Zahlung der neuen (15 Tage) zu schicken. Mein Zimmer ist sehr wohnlich, besonders behagt mir der famose Lehnstuhl.

Im ganzen ist das Leben hier immer gleich, ohne jedoch irgendwie langweilig zu werden.
Mit Gruß und Kuß H.

Hermann Gundert an seinen Sohn Hermann

Calw, 20. Juni 1892

[...] Vom Boller Hermann kamen auch Briefe; worin zum Teil Verwunderliches steht: z. B. daß dort Mazurka, Polka u. s. w. studiert werden können. Er selbst scheint besser, versteigt sich aber doch noch in allerhand Höhen, so daß er gar den Schopenhauer anführt. [...]

H. H. an Johannes und Marie Hesse

20. Juni 1892

L[iebe] E[ltern]!

Ich habe bei Herrn Brodersen 25 M bis Ende Juni aufgenommen, 9 M. sind bezahlt. Bitte die 16 M. bald an Frl. Lhotzky zu senden.
Lebt wohl! H.

H. H. an Herrn Brodersen

[Boll, 20. Juni 1892]

Verehrter Herr Brodersen!

Das Geld borgte ich von Ihnen zur Anschaffung eines Revolvers; seit einigen Tagen bin ich entschlossen, mich zu erschießen. Sie werden mich wohl nimmer sehen. Schicken Sie den Brief an meine Eltern!

H.

* [Überschrift von Hand der Mutter oder des Vaters: Letztes von Hermann aus Bad Boll.]

25

Christoph Blumhardt an Marie Hesse

Boll, 20. Juni 1892

Liebe Frau Missionar!

Heute lief uns Ihr Sohn weg mit Hinterlassung von Selbstmorddrohungen. Er hatte sich vorher heimlich Geld geborgt und einen Revolver gekauft. Er ist wieder hier. Ich nehme es als Bubenstreich, aber in so krankhafter Weise, daß ich dringend mit Ihnen beraten muß. Ich möchte raten, ihn von hier aus auf eine Zeit zu Landerer [1] nach Göppingen zu bringen. Wollen Sie so gut sein und womöglich selbst kommen.

Schmerzlich grüßend Chr. Blumhardt

(1) Dr. Gustav Landerer leitete damals die Christophsbad-Heilanstalt in Göppingen.

Auch ich hab einst nach dem Glücke gestrebt

Hesses erster Aufenthalt in Stetten

Heil- u. Pflege-Anstalt
für Schwachsinnige
und Epileptische
SCHLOSS STETTEN
bei Cannstatt

28

Stetten.

Übertragung des Ärztlichen Berichtes, Original auf Seiten 31/32

Ärztlicher Bericht

I. Die Großeltern väterlicherseits litten beide sehr viel an Nervenkopfweh. Eine Schwester der Großmutter (väterlicherseits) wurde als verheiratete Frau allmählig halb melancholisch und schließlich kindisch, war aber nie anstaltsbedürftig. Ein Enkelkind derselben war völlig geisteskrank gewesen, ist aber wieder genesen.

Der Vater leidet seit Jahren viel an Nervenkopfweh, überhaupt den Erscheinungen allgemein der Neurasthenie, der Kranke selbst war schon als Kind von 3 Jahren ein Gegenstand der Sorge für die Eltern, weil er schwere Zornanfälle bekam mit Zerstörungstrieb. Späterhin beßerte sich dieses ohne daß jedoch die große Reizbarkeit völlig verschwand. Die geistige Begabung ist eine recht gute. Er lernt leicht und unter verständiger Pädagogik mit Begeisterung. Seit Herbst im Seminar Maulbronn. Aufgrund (dessen) schwärmt er für die alten Griechen, dichtet über alles Mögliche. Ende März lief er eines Nachmittags ohne jeden bekannten Anlaß oder zureichenden Grund weg mit den Büchern für die Nachmittagslektion, ohne Mantel, [nicht zu entziffern] und zeigte aufgefunden keine Reue, konnte auch keinen Grund für seine Entfernung angeben. Vier Tage zuvor hatte er noch nach Hause geschrieben, daß er sehr gern in Maulbronn sei. Anfangs April in den Osterferien zu Haus zeigte er sich noch recht reizbar, wandelbar in seinen augenblicklichen Stimmungen und Willenserweisungen. Ganz geringfügige Anstrengung, ein kleiner Gang macht ihn nach seiner Aussage müd. Ein hervorstechender Zug ist die große Abneigung gegen seinen Vater.

II. Kaum nach Maulbronn zurückgekehrt, ist er wieder in seinen Schwärmereien vom Glück der alten Griechen, die einen Apollo verehren. Beängstigend wirkte die [nicht zu entziffern] er müsse noch einen M. umbringen, sonst sei er nicht befriedigt mit der Welt. Er machte auch ohne Waffe nachts einen Angriff auf einen Freund im Bett. Als dieser ihm das Unrecht solcher Gedanken beibringen wollte er ihm seine Idee über Gott und Welt. All seinem Tun und Schreiben scheint zugrund zu liegen, daß er sich in dieser prosaischen Welt unbefriedigt, körperliche/ schwere Krankheiten sind nicht zu erwähnen. Vor drei Wochen Verbrennungen des ganzen Gesichts durch einen Feuerteufel. Er leidet mitunter an Kopfschmerz.

Behandlung fand bisher keine statt.

Schwer zu behandeln; leidet an Größenwahn, fühlt sich zu Großem berufen, träumt von grossen dichterischen Erfolgen. Ideal: Zeitungsredakteur. Will nicht arbeiten. Schickt sich in die Ordnung, lernt arbeiten, ist aber oft verdrossen, lebensüberdrüssig. So sehr er mir folgt, so verb. ist er gegen die Seinigen.

Allmähliche Besserung, erschließt sich gut, arbeitet gerner, sehnt sich nach Haus. Hält sich gut und wird daher entlassen.

5. August 1892.

1815

...

1815

Oskar Berner geb. Juni 1826

15 Juli 1892.

Zwei Gedichte aus Stetten

Am ersten Tag in Stetten, 1892
[also 21. oder 22. Juni]

Auch ich hab einst nach dem Glücke gestrebt,
Auch ich bin nicht lächelnd durchs Leben geschwebt,
Doch alles ist lange verflogen,
Verflogen der Traum von Freude und Scherz,

Erfroren, erstarrt das glückliche Herz,
Und die kindliche Unschuld betrogen.

Und die Kindheit, sie ist so schnell verschäumt
Und der Traum der Liebe so schnell verträumt,
Verklungen die heiteren Lieder,

Und der Glaube, der frohe, hoffende Sinn,
Mit Lenz und Tugend ist lange dahin
Und nimmer kehret er wieder.

Das Leben, es war so hell und so süß
Und die blühende Erde ein Paradies,
Und jetzt ist alles verdorben,
Das Spiel und der Scherz und der Erde Tand
Und der wagende Mut erlosch, entschwand,
O wär ich doch lange gestorben!

Der Sommer ging und der Winter kam
Und im Herzen wohnt mir ein ewiger Gram
Und ein ewiges, schmerzliches Sehnen,
Der Morgen kommt und der Morgen geht
Und am Abend ist alles, alles verweht
Und bleiben mir nur die Tränen.

H. Hesse
Stetten, 28. Juni 1892

Aus dem Tagebuch der Familie Hesse-Isenberg

Am 21. Juni

beim Frühstück kam von Boll ein Brief, ich möchte sofort kommen, denn gestern habe Hermann einen Selbstmordversuch gemacht. Natürlich reiste ich gleich ab, bestellte telegraphisch David, daß er von Stuttgart an mit mir reise. Ach war das ein Reisen! Blumhardt trafen wir in Göppingen und er verlangte, wir sollen zu Sanitätsrat Landerer und fragen, ob er Platz für H. habe und zum Oberamtsarzt Dr. Engelhorn, daß er mit uns fahre, H. zu untersuchen. Landerer war ganz entschieden dagegen, einen so jungen Knaben in eine Irrenanstalt zu tun und riet dringend, doch damit zu warten, bis es absolut keinen andern Ausweg mehr gebe. Als er hörte, wie's gekommen, sah er den Fall sehr ernst an und glaubte, es sei von kleinauf Unnormales da, und da sich alles so langsam gesteigert, fürchte er sehr, daß die Krankheit recht tief sitze.

Im äußersten Notfall müßte er ihn wohl nehmen, doch ungern. Der Oberamtsarzt sprach sich ähnlich aus und versprach am folgenden Morgen nach Boll zu kommen, da er jetzt unmöglich fort könne. So fuhren wir ab.

In Brodersens Restauration, als Gefangener, finster und verstört saß H. und grüßte uns nicht. Es waren die qualvollsten Stunden meines Lebens, die ich bei ihm - Tag und Nacht - zubrachte. Nach langen Beratungen war David heimgereist. Am Morgen kam Dr. Engelhorn (der Oberamtsarzt) - furchtbar scharf und streng sprach Blumhardt, der alle Krankheit vergessen zu haben schien und bloß von Bosheit und Teufeleien herunter donnerte, daß einem Hören und Sehen verging. "Der Herr hat's ihn geheißen" dachte ich und verstummte, als er und Brodersen (der übrigens voll Liebe und Mitleid mir nichts Guts genug tun konnte und dessen Teilnahme ein süßer Tropfen im bittern Wermutsbecher war) von schlechter Erziehung und ihren Früchten predigten.

Schließlich riet Herr Pfarrer Blumhardt zu Pfarrer Schall nach Stetten zu gehen, und zwar "unangemeldet, mit Sack und Pack vor ihn hinstehen" und bitten, daß er Hermann nimmt, sonst behalte er ihn keinesfalls.

Da ich an David und Theo (jetzt in Waiblingen) telegraphierte, trafen die beiden unterwegs mit uns zusammen und wir erreichten abends Stetten. Der edle Inspektor behielt unser Kind aus herzlichem Erbarmen zur Probe da, Gott lohne es ihm einst! Als H. zuerst in den Hof trat, rief er empört: "In das Gefängnis wollt ihr mich sperren! Lieber spring ich in den Brunnen dort!" Nachdem aber Pfarrer Schall nur etliche Worte mit ihm gesprochen, erklärte er sich bereit, freiwillig da zu bleiben.

So reiste ich jenen Abend noch heim; ganz erschöpft, an Leib und Seele zerschlagen wie nach einer schweren, langen Krankheit. Von dort an bekam ich öfters bei Nacht plötzlich Gallenbrechen, besonders nach Gemütlicher Aufregung.

Johannes Hesse an H. H.

Calw, 23. Juni 1892

Lieber Hermann!

Gestern Abend um 1/2 10 Uhr kam die liebe Mama glücklich wieder nachhause und erzählte von der liebevollen Aufnahme, die Du in Stetten gefunden. Es war mir ein großer Trost, eine Gebetserhörung. Nun hoffe und wünsche ich von Herzen, daß Du Dich dort wohlfühlen und gut angewöhnen möchtest. Es ist ein neuer Anfang, den Du da machst und durch Gottes Gnade kann noch alles recht werden. Ich trage ja auch schwer am Leben wie Du und empfinde die tiefe Kluft zwischen Ideal und Wirklichkeit beständig aufs schmerzlichste; aber bis jetzt habe ich's doch immer wieder bestätigt gefunden: "Der Wolken, Luft und Winden gibt Wege, Lauf und Bahn, der wird auch Wege finden, da dein (mein) Fuß gehen kann".

Ich hoffe, Du machst diese Erfahrung auch. Gott hört das Schreien der Elenden und wird uns nicht ewig in Unruhe lassen.

Das ist auch nett, daß Du nun so nahe von Theodor bist! Vom alten Großvater in Rußland kommen gute Nachrichten. Er schafft mit seinen 90 Jahren noch immer im Garten und rühmt, wie gut ihm das tue. Großpapa Gundert ist immer gleich; im Kopf frisch, sonst aber hilflos. Man hat jetzt einen Wärter für ihn bestellt.

Wir alle grüßen Dich vielmals.
In alter Liebe Dein Papa

Christoph Blumhardt an Johannes Hesse

Boll, 23. Juni 1892

Lieber Bruder!

Recht froh bin ich, daß Pfarrer Schall Ihren Sohn aufgenommen hat. Es ist das Einzige, was mir noch einfiel. Es handelt sich darum, daß Ihr Sohn über seine Jugendjahre hinausgebracht wird, ohne daß er sich vollends ganz zu Grunde richten darf in seinem Ärger und Murren. Später, wenn er älter ist, hoffe ich, rectifiziert sich bei ihm vieles. Der eigentliche Verstand ist bei ihm unentwickelt. Der kann aber nachkommen. Mit innigster Teilnahme gedenke ich seiner mit Ihnen vor Gott. Ich bin froh, mit dem Schrecken davongekommen zu sein, werde aber den Schrecken nicht bald wieder vergessen.

Mit herzlichem Gruß an Papa Gundert und Ihre l. Frau

Ihr ergebener Christoph Blumhardt

M. Bräuninger an Johannes Hesse

[21.-26. Juni 1892]

Schloß Stetten im Remsthal
Oberamt-Cannstatt, Württemberg
Eisenbahn u. Telegraphenstation, Endersbach
Herrn Missionar Hesse, Wohlgeb., Calw

Hiermit beehren wir uns, Ihnen zwei Aufnahme-Verträge für Ihren Sohn Hermann Hesse vorzulegen, mit der höflichen Bitte, uns dieselben unterzeichnen zu wollen und ein Exemplar für sich zu behalten.

Was den Paragraphen der Kündigung betrifft, so fällt dieser, so lange Hermann auf Probezeit hier ist, weg.

Ihrem Sohn geht's bisher recht gut, er arbeitet fleißig und macht heute einen großen Spaziergang. Herzliche Grüße von ihm. Hochachtungsvollst

M. [oder H. M.] Bräuninger
Oberverwalter

Christian Immanuel Bräuninger, Verwaltungsleiter der Heil- und Pflegeanstalt Stetten.
Foto aus dem Archiv der Diakonie Stetten.

H. H. an Johannes und Marie Hesse

Stetten, 27. Juni 1892

Liebste Eltern!

Herzlichen Dank für das eben erhaltene Paket, ich mochte nur erinnern, daß ich notwendig Handtücher brauche. Bitte schickt solche einmal mit Filzhut und den andern Stiefeln. Der Brief von Hans hat mich gefreut, ich danke ihm.

Man steht hier 5 ¼ Uhr auf, arbeitet vom Frühstück (¾ 8 Uhr) bis zum Vesper (½ 10 Uhr), dann von 10 bis 11 ½ Uhr, dann Essen und Freizeit bis 1 ½ Uhr, dann Arbeit bis ½ 4, Vesper bis 4, Arbeiten bis 6 Uhr. Sonn- und Feiertage sind bis auf die Gottesdienste frei.

Gestern verbrachte ich den Abend bei Herrn Inspektor in gemütlicher Unterhaltung; er ist überhaupt immer sehr freundlich, ebenso die Herrn Lehrer. Heute kam ich zum erstenmal in die Schule, hörte zu und hoffe, den Lehrern dann und wann aushelfen zu können. Mein Zimmer ist schön und groß, Herr Ettlinger und der Wärter beide freundlich.

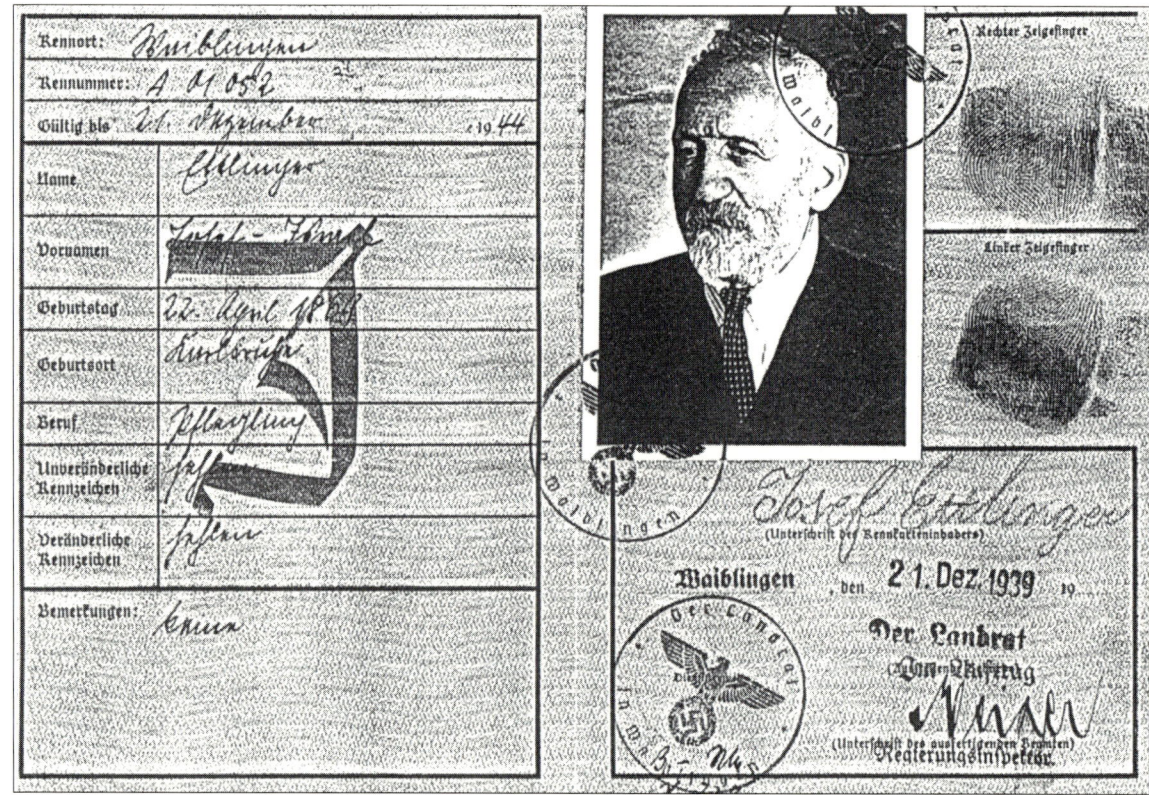

Joseph Ettlinger, Zimmergenosse von Hesse. 1940 in Grafeneck ermordet. Aus dem Archiv der Diakonie Stetten

Ich arbeite immer im Garten, Erbsenlesen, Wege rechen, gießen, hacken etc. Es ist hier auch der Sohn von Frau Trittler in Pforzheim.

Für die Grüße der Lieben danke ich und bitte sie herzlich zu erwidern von Hermann

P.S.
Hoffentlich kann Theo bald mal kommen. Mein Schlaf ist ziemlich besser.

Inspektor Pfarrer Schall an Johannes Hesse
(1)

Stetten, 27. Juni 1892

Sehr geehrter Herr Hesse!

Besten Dank für Ihren Brief. Es freut mich, daß ich Ihnen bis jetzt gute Nachrichten schicken darf.

Hermann hat sich rasch eingelebt und an die Ordnung gewöhnt. Er arbeitet fleißig den ganzen Tag im Garten. Heute will ich es probieren und ihn in die Schule der Oberklasse gehen lassen, damit er dort zuhört und später an der Stelle des Lehrers das Durchgenommene repetiert. Es ist das für ihn doch eine gewisse Befriedigung, wenn er auf diese Weise in der Schule seine Gaben verwerten darf.

Es wäre mir auch lieb, wenn Sie die Güte hätten und ihm seinen Livius, lat.-deutsch. Lexikon, nebst seinem Geometriebuch zusenden wollten, damit er, wenn es heißer wird, sich weiter bilden kann.

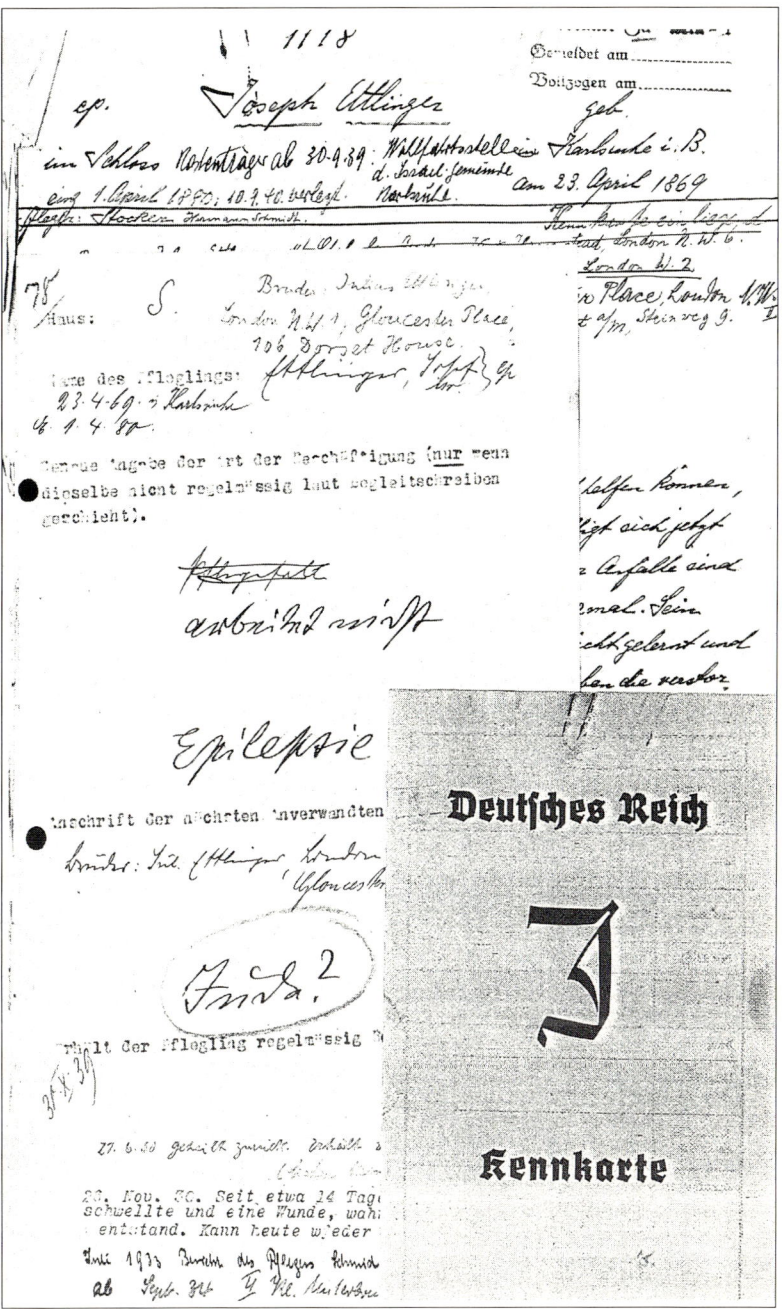

(1) - siehe vohergehende Seite - Gottlob Adam Schall, geboren Bonlanden (Filder) 14.12.1841; Pfarrer in Hösslinswart über Schorndorf 1872; Inspektor in Stetten i. R. 1877; Hauspfarrer im Zuchthaus Ludwigsburg 1894; gestorben Ludwigsburg 3. Dezember 1903.

Bis jetzt also bin ich ganz zufrieden. Ich weiß natürlich nicht, wie lange die Sache anhält und der Reiz der Neuheit das Abnorme zurückdrängt.

Seine Handschrift, (welche in vielen Fällen mir ein Kennzeichen des Charakters ist) zeigt freilich etwas Zerfahrenes und Flüchtiges. Von seiner Nervosität zeugt ein beständiges Zucken auf seiner Stirne.

Gebe Gott, daß es gelingt, über die krankhafte Verstimmung Herr zu werden und dem Leiden die Wurzeln zu untergraben.

Mit freundlichen Grüßen
von Haus zu Haus
Ihr ergebener Insp. Pf. Schall

Hermann schläft ganz gut, was natürlich von großem Vorteil ist.

Hermann Gundert an seinen Sohn Hermann

Calw, 27. Juni 1892

Lieber Hermann,

vor acht Tagen begann eine sehr ergreifende Woche, darin die lieben Hesses's viel Geduld und Glauben bewiesen haben. Der Hauptsache nach zeigt's die Inlage [2]. Unter solchen Erfahrungen wächst natürlich der Zweifel ob Hermann je wieder ins Seminar zurückkehrt und also auch ob eine wissenschaftliche Beschäftigung seine Bestimmung ist. Was Blumhardt über ihn sagt, daß er eigentlich

(2) Vermutlich der Brief Christoph Blumhardts an Marie Hesse vom 20. Juni 1892.

keinen Verstand habe, ist in gewissem Sinn anzuerkennen, sofern ihm eben enge Grenzen gezogen sind. Auch von moral insanity haben sie gesprochen mit gleichem Recht oder Unrecht. Ich bin froh, daß ihn einstweilen Stetten aufnimmt, sehe aber natürlich allerlei Wechseln entgegen. [...]

[Er berichtet über Besuche, darunter eine Frau von Engelhardt,] die mit allen frommen Kreisen in Berlin vertraut ist und sich nur wundert, wie unser christliches Leben in Deutschland auseinandergeht. Sie kam eigentlich auf ein paar Tage nach Hirsau, um den Umgang mit Hesses zu genießen, an deren Prüfung sie natürlich herzlichen Anteil nimmt. [...]

H. H. an Johannes und Marie Hesse

Stetten, 3. Juli 1892

Liebe Eltern!

Vielen Dank für die Geburtstagssendung, besonders auch für die netten Geschenke der Geschwister. Von Onkel David kam der Anzug. Der gestrige Tag verlief ganz nett, von Herrn Inspektor bekam ich einen Blumenstrauß nebst Hefenkranz, auch trank ich den Kaffee bei ihm. Von 1 1/2 bis 4 1/2 war ich mit den drei Lehrern im Wald.

Seit gestern darf ich täglich einige Stunden Livius, Geschichte etc. treiben; in der Schule vikariere ich täglich eine Stunde.

Neben mir wohnt ein 17jähriger Bengel namens Tom, der schon so oft im Karzer saß, daß dieser "Onkel Tom's Hütte" heißt.

Adieu!

Lieber Hans!
Herzlichen Dank!

Mit Gruß
Hermann.

Marulla ditto. Später Weiteres.

Hermann Gundert an seinen Sohn Hermann

Calw, 4. Juli 1892

[...] Wir feierten am 2. den 15. Geburtstag unsres Hermann Hesse, zugleich den unserer Christine, die freilich 25 Jahr älter ist, und heute war's der Geburtstag der lieben Emma im Steinhaus (geb. 1848). Vom Hermann hören wir nichts mehr, doch hat ihn Theodor von Waiblingen her besucht und ordentlich gefunden. Erwähnte ich schon, daß er sich seinen Livius hat kommen lassen samt dem Lexikon? Da besinnt er sich vielleicht doch noch, wie sich die wissenschaftliche Laufbahn weiter führen lasse. [...]

[...] [Er berichtet, daß er in dieser Woche einen Besuch von seiner Schwester Emma Plebst erwarte] und dann kommt eine Sitzung des Verlagsvereines, auf die mir nicht bange ist. Wir arbeiten weiter am Kirchenlexikon [1] und an der Concordanz, die womöglich mit dem Jahr fertig werden soll. Der Herr helfe weiter von Tag zu Tag.

Mit herzlichem Kuß
Euer V. H. G.

Theo Isenberg an H. H.

Waiblingen, 6. Juli 1892

Lieber Bruder!

Deine Karte und Brief mit den Liedern haben mich sehr gefreut! Bravo! Frisch auf! Das klingt ganz anders und besser als das frühere! Doch weiteres mündlich! Kannst Du Freitag Nachmittag vielleicht hierherkommen? - Ich würde Dich abends dann wieder heimbegleiten! Frage Herrn Inspektor und grüße ihn herzlich von mir! Auch Frau Pfarrer und Fräulein Schwester bitte ich mich zu empfehlen. [...]

NB. Kannst Du bis 2 oder 3 kommen? Im andern Fall will ich sehen, daß ich zu Dir kommen kann.

Marie Hesse an Johannes Hesse

Calw, 10. Juli 1892

Lieber Johannes,

diesen Brief vom lieben Hermann erhielt ich heute und schicke ihn gleich, da ich ja nicht weiß, wann Du abreisest; vielleicht besprichst Du's gerne mit David. Ich möchte doch wissen ob in Stetten der Arzt H. gesehen und was er von ihm hält. -

(1) Das Calwer Kirchenlexikon. Kirchlich-theologisches Handwörterbuch.1: (A-K) (1889), 2: (L-Z) (1892): Eine von Friedrich Keppler neubearbeitete 2. Auflage des ersten Bandes erschien 1937, des zweiten Bandes 1941.

Hermann Gundert an seinen Sohn Hermann

Calw, 11. Juli 1892

[Er berichtet, Johannes Hesse sei gestern auf einem Missionsfest in Cannstatt gewesen, und fährt dann fort] Halb dachten wir, Johannes könnte seine Anwesenheit in Cannstatt zu einem weiteren Ausflug nach Stetten brauchen, allein er wagte sich nicht dahin, hatte aber Gelegenheit zu hören, daß Pfarrer Schall sich zufrieden und hoffnungsvoll über Hermann äußert. Von letzterem erhielt Marie einen netten Brief, worin er das erstemal seine Eltern um Verzeihung bittet und sich etwas sorgenvoll über seine Zukunft ausspricht; am liebsten würde er doch auf einem Gymnasium weiter lernen. Wenn's Gottes Wille ist, wird's auch geschehen. Das hast Du vielleicht noch nicht gewußt, was in Boll vorausging ehe sich Hermann den Revolver kaufte, er hatte dort ein Fräulein getroffen, das auch je und je mit den Jungen spielte, obwohl schon 22jährig und der hatte er seine Liebe gestanden und sie damit sehr verblüfft, weil nun nichts daraus werden wollte, mußte er doch vom Schauplatz abtreten!! Ist doch auch ein Unglück, wenn man so schnell Entschlüsse faßt und ausführt. Gott helfe ihm, daß er die rechte Erkenntnis und Kräftigung seines Willens beim Heiland suche! [...]

Inspektor Pfarrer Schall an Johannes Hesse

Stetten, 12. Juli 1892

Sehr geehrter Herr Hesse!

Besten Dank für Ihren Brief mit Beilage, welche mir äußerst wertvoll ist.

Ich muß in einer halben Stunde abreisen und muß mich daher kurz fassen; ein andermal mehr.

40

Ich habe vorigen Samstag mit Hermann eingehend gesprochen; er hat keine Ahnung von Ihrer Beilage. Ich glaube, daß Sie ruhig sein dürfen. Wenn er so bleibt, wie er gegenwärtig ist, dürfen wir Gott recht danken. Ich verwende ihn gegenwärtig viel in der Schule.

Das befriedigt ihn ungemein. Er übersetzt auch viel Lateinisch. Ebenso habe ich ihm einen Aufsatz aufgegeben. Er faßt nun doch fest ein Ziel ins Auge, das er erreichen will. Gott helfe weiter.

Mit freundlichen Grüßen
Ihr erg. Insp. Pf. Schall

Hermann Gundert an seinen Sohn Hermann

Calw, 18. Juli 1892

[...] H. in Stetten schreibt ordentlich, er hat doch seine Eltern um Verzeihung gebeten. [...]

Johannes Hesse an H. H.

Calw, 14. Juli 1892

Lieber Hermann!

Als Dein Brief vom 9. d. M. [1] kam, war ich von Calw fort auf einem Missionsfest.

Ich brauche wohl kaum zu sagen, wie sehr es mich gefreut hat, daß Du darin einen neuen Ton anschlägst, um Verzeihung bittest und vom Segen der Arbeit sprichst. Herr Inspektor Schall hat uns bis jetzt auch nur Erfreuliches über Dich berichtet. Wir danken Gott für das alles und bitten dich, nun auch ganz einfältig an unsere Liebe zu glauben. Du bist nicht zur Strafe in Stetten. Es ist auch unsrerseits keinerlei Beschluß gefaßt worden, Dich so oder so lange dort zu lassen oder Dich vom weiteren Studieren - etwa auf einem Gymnasium - abzuhalten. Nichts von der Art! Was irgendwie gut für Dich scheint und unser Vermögen nicht gar zu sehr übersteigt, das soll geschehen. Das ist uns so selbstverständlich als was. Hier ist auch das uns selbstverständlich, daß Du zuerst Dein Kopfweh loswerden und wieder normalen Schlaf bekommen mußt, wenn es wieder um regelrechtes Studieren gehen soll. Das geordnete, arbeitsvolle Leben, das Du jetzt führst, namentlich das viele Schaffen in freier Luft, wirkt offenbar sehr wohltätig. Und daß Du von Herzen dabei bist, daß Du mit allem Bewußtsein und Willen ein Leben der Arbeit führen willst, das ist das Beste daran. Wir danken Dir für die Freude, die Du uns damit machst, und bitten Dich: habe Geduld, bis aus dem guten Anfang eine gute Gewohnheit geworden ist. Bei nervösen leichtbeweglichen Menschen - wie Du und ich - kommt alles darauf an, daß durch Übung und Ausdauer das Gute, das man in den Willen aufgenommen, eisern sozusagen in Fleisch und Blut übergeht. In dieser Übung stehst Du jetzt drin. Sobald Du darin befestigt bist und Deine Gesundheit sich wesentlich gestärkt hat, werden wir uns bemühen, ein passendes Gymnasium etc für Dich zu finden. Wann

(1) Dieser Brief fehlt.

das sein kann, das werden wohl Herr Inspektor Schall und der Arzt entscheiden müssen. Gott gebe, daß es recht bald sein könne!

Gestern wurde Hans 10 Jahre alt. Dem l. Großpapa geht es ordentlich. Mama hat sehr viel zu tun mit Kleiderflicken, Haushaltungsgeschäften und Korrekturlesen. Wir geben eine große Konkordanz [2] heraus, von der jetzt jede Woche vier Bogen gedruckt werden. Da hilft die l. Mama sehr fleißig mit, um etwas Geld dadurch zu verdienen. Ebenso Herr und Frau Seeger.

Also behalte guten Mut. Per ardua ad astra. Ohne Kampf kein Sieg! So schlagen wir alle uns durch dies Leben - in Erwartung eines besseren.

Mit herzlichen Grüßen von uns allen

Papa

Eugenie Kolb [1] an H. H.

Cannstatt, Untere Ziegelei, 20. Juli 1892

Mein lieber Herr Hesse!

Nehmen Sie vor allem herzlichsten Dank für Ihren lieben Brief und für das Vertrauen, welches Sie mir schenken; ich werde es stets zu würdigen wissen! –

Ich bitte Sie, lieber Herr Hesse, inständig, vergessen Sie, was Sie hinter sich haben und sorgen Sie vor allem für Ihre Gesundheit.

Denken Sie, und glauben Sie mir, wenn ich Ihnen sage: "Die erste Liebe ist nie und nimmer die richtige" - wenn es auch bitter ist eine Enttäuschung in Herzensangelegenheiten zu erleben - so war es so doch am besten für Sie - keine Erwiderung der Liebe zu finden ist noch lange nicht so schwer zu ertragen, als ein Verhältnis einzugehn, das vielleicht nach jahrelanger Dauer von rauher Hand zerrissen, oder wenn Sie nach Jahren zur Einsicht gekommen wären, daß Ihre junge Liebe nichts als Selbsttäuschung ist. - Das ist schlimm! Danken Sie Gott, daß Sie vor jener gräßlichen Tat so glücklich verschont geblieben - aber ich bitte, bitte Sie herzlich, legen Sie, (sollten Sie je wieder eine solch bittere Erfahrung machen, was Gott verhüten wolle!) mehr Selbstbeherrschung, ja, ich möchte sagen, mehr Mannesmut an den Tag - das ist nichts, wenn man gleich sein Leben mutlos wegwerfen will! - Verzeihen Sie diese meine vielleicht etwas unzarten, aber wohlgemeinten Worte, bitte, bitte, herzlich. - Jetzt will ich aber dieses Thema abschließen und lieber mündlich davon weiterreden, nicht wahr! Es ist verständlicher.

Die Frage, ob Sie als mein Bruder in unsrem Heim verkehren dürfen ist sehr überflüssig; Sie könnten wissen, daß ich Sie als Theodors Bruder nicht nur schon beim ersten Begegnen in mein Herz eingeschlossen habe, - sondern wir alle haben Sie sehr, sehr lieb gewonnen, was ich hiemit versichre!

Kommen Sie nur so oft Sie Lust haben zu uns und bringen Sie aber auch Ihre Gedichte mit, nicht wahr? Ich denke, daß ich Fräulein

(2) Vgl. Brief vom 30. September 1889 und vom 4. Juli 1892.

(1) Frl. E. Kolb, von H. H. verehrt; Th. Isenberg wohnte eine Zeitlang im Hause ihrer Mutter, so lernte H. H. sie kennen.

Brackenkammer auf nächsten Samstag in 8 Tagen, wo Theodor frei hat, einladen kann, und hoffe, sie wird dieser Einladung Folge leisten. Also auf baldiges Wiedersehen hoffend, grüße ich Sie recht herzlich, indem ich Ihnen nochmals ans Herz legen möchte, mehr Mut zu gewinnen. -

Ihre Eugenie Kolb

Von der lieben Mama recht herzliche Grüße für Sie.
Nicht wahr? Wir trinken bald Bruderschaft!!!
NB Entschuldigen meine schlechte, eilige Schrift, es wird ganz dunkel, ich sehe beinah nichts mehr.

H. H. an Eugenie Kolb

Umschlag, Seite 1

Kleine Lieder
für Frln. E. Kolb
von Hermann
1892

Umschlag, Seite 3

Diese Mappe mit 23 Gedichten ist im Sommer 1892 in Stetten geschrieben und Fräulein Eugenie Kolb gewidmet, die ich eben durch meinen Bruder Theo kennen gelernt und öfter in Cannstatt besucht hatte.
(Copiert 1944*)

Hermann Gundert an seinen Sohn Hermann

Calw, 25. Juli 1892

[...] Notabene das, der Wunsch nach einem reinen Herzen stammt vom 10jährigen Hansle, nicht vom ungestümen Memmer. Letzter war am Sonntag vor acht Tagen mit Theodor bei dessen Freunden Colb in Cannstatt und aß dann mit Gustavs zu Mittag. Theodor ist natürlich seiner Sache gewiß, daß er den lieben Hermann bald zurecht brächte, natürlich mit Vermeidung alles Christlichen oder Religiösen, womit man immer die Jugend abstoße. [...]

Inspektor Pfarrer Schall an Johannes Hesse

Stetten, 26. Juli 1892

Sehr geehrter Herr Hesse!

Mit bestem Dank beehre ich mich Ihnen die [?] wieder zuzustellen.

Hermann ist frisch und munter, natürlicher, nicht mehr auf hohen Kothurnen einhergehend, schickt sich völlig in die Ordnung, arbeitet fleißig und schläft, was mir sehr wichtig ist - ruhig die ganze Nacht.

Gestern habe ich ihm seine Liviusübersetzungen corrigiert. Dieselben waren im ganzen gut bis auf die unstete Handschrift. Da ich den Charakter nach der Handschrift beurteile, sagte ich ihm meine Meinung über seine Handschrift und er gab mir Recht, will sich auch Mühe geben, dieselbe zu bessern.

* Besitzer des Originals ist ein Neffe von Eugenie Kolb, Pfarrer G. Schläpfer in Sirnach (Thurgau).

Er musiziert viel. Ich sagte ihm, daß er's in geringerem Grad betreiben solle, da er gern dabei leidenschaftlich wird. Er nimmt von mir alles willig an.

Gestern hat er einen großen Waldspaziergang gemacht. Ich muß ihn aber oft aus dem Zimmer treiben, er ist ein arger Stubenhokker.

Über das "Was nun" wäre es am besten, wenn wir uns einmal mündlich etwa in Stuttgart besprechen könnten.

Ich werde mich mit unserem Arzt vorher eingehend besprechen und das mit Ihnen beraten. Entschuldigen Sie das längere Stillschweigen; ich war verreist. In der Kirche sehe ich ihn immer aufmerksam, ebenso in der Kinderlehre.

Hoffentlich ist die Krisis vorüber. Gott helfe in Gnaden weiter.

(1) Siehe Brief vom 27. Oktober 1892.

Mit freundlichen Grüßen
von Haus zu Haus
Ihr erg. Insp. Pf. Schall

Johannes Hesse an H. H.

Calw, 27. Juli 1892

Lieber Hermann!

Herr Inspektor hat uns so guten Bericht über Dein Ergehn und Dein Verhalten geschickt, daß wir uns nicht genug freuen können. Gott sei Dank.
Schlaf ist eine Gabe, die uns von oben kommt und die kein Mensch sich nehmen kann. Ebenso das stille, gelassene Herz, das die Widerwärtigkeit des Lebens mit Ruhe und Heiterkeit erträgt. Nach beidem strecke ich mich täglich im Gebet aus und danke Gott für das, was er gibt. Danke auch Du für das, was Dir beschert wird.

Bei uns geht's ziemlich unruhig zu: Mama ist sehr in Anspruch genommen durch die Korrekturen, die allemal furchtbar schnell erledigt werden müssen. Dazu ist jetzt die Zeit der Ernte im Garten. Wir haben viel Träuble und Stachelbeeren. Da gibt's allerlei einzukochen.

Ich war Montag auf einem Missionsfest in Birkenfeld und muß nächsten Sonntag auf ein solches nach Möttlingen. Dazu kommen immer Korrekturen vom Kirchenlexikon und auch neue Artikel sind für dasselbe zu schreiben. Eben bin ich an Swedenborg. Auch mein Rätselbüchlein [1] wird jetzt gedruckt. Hoffentlich kann ich bald einmal nach Stetten kommen. Wir denken Tag und Nacht an Dich; auch die Kleinen fragen viel nach Dir und freuen sich, daß Du wohler bist.

In alter Liebe Dein Papa H.

H. H. an Johannes und Marie Hesse

Stetten, 29. Juli 1892

Liebe Eltern!

Dank für Papas Brief! Ich selbst weiß eben wenig zu schreiben. Natürlich würde mir ein solches Leben für die Länge nicht gefallen. Bloß arbeiten, um nicht Langeweile zu haben, kleine Kinder lesen und zählen zu lehren etc. Ich bin gerne da und arbeite gern, aber ich freue mich auf die alte gewohnte Arbeit, auf das Lernen, auf das Schulleben. Geregelt etc. ist hier meine Arbeit kaum. Wenn ich in der Buchdruckerei kleistere, werde ich plötzlich in die Schule gerufen, vom Livius dann wieder in den Garten u. so fort. Nach den Worten der betreffenden Herrn könnte ich im Herbst (Mitte Sept.) wohl ins Gymnasium, wo ich bei Kolbs Anschluß fände, die mir Mutter und Schwester geworden.

Ich weiß positiv nichts zu schreiben, auch muß ich in 5 Minuten eine Lektion geben.

In Liebe Hermann.

Bitte die verschiedenen andern Verwandten zu grüßen.

Inspektor Pfarrer Schall an Johannes Hesse

Stetten, 30. Juli 1892

Sehr geehrter Herr Hesse!

Da ich während Ihre Briefe ankamen, verreist war und meine Frau mich über den Inhalt derselben aufklärte, hielt ich dieselben irrtümlicher Weise auch [für] beantwortet. Hermann ist scheint's ein schalloses Ei. Ich würde, was die Vergangenheit betrifft, dieselbe vorerst ruhen lassen. Später einmal, wenn die Gesundheit sich gekräftigt hat, dann mag man ja immer wieder darauf zurückkommen. Zu vergessen ist nicht, daß er eben krank gewesen ist. Vorerst wird das Apostelwort richtig sein (wenigstens praktisch so verwertet): ich lasse, was dahinten ist und strecke mich zu dem, das da vorne ist.

Hermann scheint sich des Vollgefühls seiner Gesundheit zu erfreuen - nach meiner Beobachtung. Er ist voller Leben. Ob zu seinen Verirrungen nicht auch das Romanlesen beigetragen hat, wodurch er in eine ganz andre Welt versetzt wurde und mit der Wirklichkeit nicht mehr rechnete, vielleicht auch die Lust am angestrengten Lernen verlor? Er hat eine ziemliche Lesewut, welche ich zügeln muß.

Nun was tun? Hermann möchte nach Stuttgart ins Gymnasium. Ob aber Stuttgarter Luft und Leben für ihn taugt, ist mir sehr fraglich. Herr Dr. Habermaas ist auch meiner Ansicht; nicht nach Stuttgart. Er meint, daß er den August noch hier bleiben soll, dann aber austreten könne. Es kam mir der Gedanke, ob er nicht ins Seminar Schöntal eintreten, also um ein Jahr zurückversetzt werden könnte. Wir hatten in Schöntal seinerzeit auch einen Maulbronner. Ich weiß natürlich nicht ob es geht. In Maulbronn glaubt er eben nicht mehr mitmachen zu können. Ich habe ihm davon noch nichts gesagt. Wenn ich einmal einen Tag abkommen kann, will ich Ihnen Mitteilung machen. Ich habe H. gesagt, daß er einen ordentlichen Brief nach Hause schreiben soll. Er sagt, daß er es sofort getan habe.   Mit freundlichen Grüßen Ihr erg. Insp. Pf. Schall

Johannes Hesse an H. H.

Calw, 30. Juli 1892

Lieber Hermann!

Ich will die Woche nicht zu Ende gehen lassen ohne Dir wenigstens in Eile gedankt zu haben für Dein Brieflein. Wir freuen uns über jede Nachricht von Dir. Was Du vom Gymnasium in Cannstatt schreibst, überlegen wir. Cannstatt ist jedenfalls besser als Stuttgart. Im Lauf der nächsten Woche hoffe ich nach Stetten zu kommen, wenn alles nach Wunsch geht mit der Arbeit und auch mit der Gesundheit.

Bitte, sage Herrn Inspektor, daß ich heute seinen Brief erhalten habe und ihm herzlich danke.
Wir alle grüßen vielmal und wünschen Dir fortgehendes Wohlbefinden.

In herzlicher Liebe Dein Papa H.

(1) Fanny Gundert, jüngste Tochter von Friedrich und Emma Gundert, Musikerin (Geige). Verheiratet mit Alfred Schiler, Oberstudienrat in Calw.

Hermann Gundert an seinen Sohn Hermann

Calw, 1. August 1892

[Der Großvater erzählt von der kleinen Enkelin Fanny [1], die ihren Schwestern entschlüpft und auf die Brücke vor dem Steinhaus läuft.] Also haben wir uns auf Engelschutz zu besinnen.

Auf diesen sind wir auch beim H. H. angewiesen, der unterdessen ruhig und untertan geblieben ist, aber nun Fortsetzung seiner Studien verlangt. Da Cannstatt neuestens ein Gymnasium hat, denkt man daran, ihn dort unterzubringen und zwar im Haus der Frau Pfarrer Colb, die von Theodor mächtig empfohlen wird. Derselbe war nämlich bei ihr in Stuttgart untergebracht und machte dort Bekanntschaft mit deren Schwiegersohn. Natürlich ist da vom Christentum nicht die Rede, sondern nur vom ästhetischen Genuß, während auch zugestanden wird, wie Theodor schreibt, daß das Leben sich ethisch gestalten müsse. Es ist sehr ungeschickt, daß Theodor jetzt in Waibingen wohnt und natürlicherweise Hermanns ganzes Vertrauen erworben und seine Leitung an sich gezogen hat. Der Herr helfe da weiter. [...]

46

H. H. an Marie Hesse

Stetten, 2. August 1892

Liebe Mama!

Darf ich bitten, mir bald Stehkrägen Nro 37 (allermindest 36) und Brüstchen zu schicken, da ich fast in Verlegenheit bin. Sehr dankbar wäre ich, könntet Ihr eine E-Saite oder zwei beilegen. Hoffentlich kann Papa kommen.

Mit Kuß H.

[Mit Bleistift] Mein Befinden = sehr gut, Arzt zufrieden.

H. H. an Marie Hesse

Liebe Mutter!

Dank für Brief und Sendung! Viel Glück zum Engländer! Er muß meine Stelle einnehmen bei Euch. Der Arzt ist gegen einen längeren Aufenthalt hier und würde mich binnen acht Tagen als ganz gesund entlassen. Ich freue mich auf Ferien, wäre natürlich froh, fortzu dürfen; nun ist der Englishman da. So muß ich wohl noch warten.

Ich habe mich so gefreut, doch weiß ich ja nicht, ob Ihr mich, auch ohne den Mr. Gover brauchen könnte. Bitte mir darüber zu schrei ben, da Papa scheints nicht kommen kann.

Das Wetter ist so schön, es ist August, Ferienzeit - hier in Stetten keine Badegele genheit, Hitze, Arbeit, keine Unterhaltung, kein Verkehr, in den Augen vieler (Verwand ten etc) verrückt, ich klage nicht, denn ich hab' es verdient und trage es ja freiwillig - aber glaubt mir, ich bin gestraft.

Also bitte mir zu schreiben, ob ich vor even tuellem Eintritt ins Gymnasium (wo?) allen falls in nächster Zeit, Euch besuchen kann und darf! Vielleicht ginge es, da Karl wenig in Calw sein wird. Ich könnte mich ja auch in Calw ein wenig beschäftigen, hätte wenig stens menschlichen Umgang mit Euch und besonders mit Vetter H., auch dem Englän der, die ich beide grüßen lasse.
Auf Antwort sehr gespannt

H. Hesse.
Natürlich wäre Frage an Herrn Inspektor Schall zu richten.

Inspektor Pfarrer Schall an Johannes Hesse

Stetten, 5. August 1892

Sehr geehrter Herr Hesse!

Vor ein paar Tagen habe ich mit Herrn Doktor gesprochen, ob Hermann nicht in der nächsten Woche austreten könne. Er meint, daß das ganz gut angehe. Ich wollte Ihnen nächsten Montag zu einer Zusammenkunft in Stuttgart oder Zuffenhausen vorschlagen, weil ich an diesem Tag wahrscheinlich zu meiner kranken Schwiegermutter nach Ludwigsburg reisen werde.

Unter diesen Umständen wird es am besten sein, wenn Sie im Laufe der nächsten Woche hieher kommen und Hermann mitnehmen. Ich redete heute mit ihm, ob er nicht wieder in Maulbronn eintreten wolle, aber dazu hat er keine Lust. Nun darüber können wir ja mündlich verhandeln.

Ich bitte mir nur mitteilen zu wollen, an welchem Tag Sie abkommen können, damit ich sicher hier bin.

Mit freundlichen Grüßen
an Sie und Ihre Frau
Ihr erg. Insp. Pf. Schall

Aus Briefen von Hermann Gundert an seinen Sohn Hermann

Calw, 8. August 1892

[...] Johannes war am 5. nach Stetten gegangen und brachte Hermann von dort mit. Er hat keinen besonderen Zug getan, doch versteht er, daß man etwas wie Gehorsam von ihm verlangen darf. Der Pfarrer in Stetten sagt, es wäre dort nicht länger gegangen wegen der vielen Krankheitsfälle, auf die man sehen müsse, doch scheint die Fortsetzung der Studien noch etwas Zweifelhaftes zu sein. [...]

Calw, 15. August 1892

[...] Der H. H. benimmt sich mittlerweile unterschiedlich, duckt sich ein wenig und bläst sich dann wieder schönstens auf, "wer sagt, ich sei verrückt, der ist selber verrückt". Unter diesen Umständen ist's schwer, Entschlüsse zu fassen. Man denkt ans Gymnasium in Reutlingen, aber [...]

Johannes dauert mich, weil sein Sohn ihm das Leben so sauer macht. Er hatte sehr gute Zeit, aber jetzt kommt wieder das Kopfweh. Sein Vater ladet ihn zu einem Besuch in Rußland ein, aber mit dem Haufen Geschäft, der auf ihm liegt, ist das unerreichbar. [...]

Rektor Dr. Friderich [Fridrich?] an Stadtpfarrer Gmelin

Reutlingen, 15. August 1892

Sehr geehrter Herr Stadtpfarrer,

das Schreiben von H. Missionar Hesse habe ich mit gutem Bedacht durchgelesen und daraus den Schluß gezogen, daß wir es in diesem Falle mit einem sehr schwierigen Schüler zu tun bekommen würden, falls wir denselben ins Gymnasium aufnähmen. Mein Entschluß ist daher, denselben nicht in das Gymnasium aufzunehmen. Diesen Entschluß werden Sie selbst, Herr Stadtpfarrer, so wie ich Sie kenne, nur billigen.

In vorzüglicher Hochachtung Ihr ergebener
Rector Dr. Friderich [Fridrich?]

Stadtpfarrer Gmelin an Johannes Hesse

Reutlingen, 15. August 1892

Lieber Herr u. Freund!

Von Ihnen ein Brief war mir eine Herzensfreude u. gerne nahm ich mir vor, alles zu tun, so schwierig die Sache zu liegen schien. Daß ich Ihr Schreiben - mit Begleitbrief - dem Rector geradewegs zusandte, bitte ich nicht zu verübeln; denn wenn ich ihm mündlich nur die Hälfte gesagt hätte und es wäre nachher mehr herausgekommen und wäre schief gegangen, so wäre ich und die ganze Besorgnis in ein schiefes Licht gekommen. Ich wunderte mich ebenso über die gute Empfehlung des hiesigen Gymnasiums durch Ephorus Palm, wie über die umstehende Ablehnung des Rektors, welcher bisher die Praxis hatte mehr à tout prix Schüler zu bekommen. Selbst hatte ich die Anstalt für Ihren Sohn nicht empfehlen können wegen des darin (viel mehr als in einem Seminar) herrschenden leichtfertigen Geistes - man spürt die Nähe von Tübingen und den Einfluß herüberkommender Studenten. Noch weniger hätte ich das geeignete Unterkunftshaus finden können (das meinige käme wegen unserer 3 kleineren Kinder nicht in Betracht) da die 2 vorhandenen Lehrerpensionate gar keine charakterfeste oder feiner gebildete Leiter haben, auch da herrscht Freiheit ohne Zucht und Aufsicht. Anderwärts wird es ähnlich sein; die meisten Schüler mieten sich wie Studenten ihr Zimmer und tun was sie wollen. Da ich an Cl. VIII - X Religionslehrer bin, sind mir die Verhältnisse wohlbekannt. Könnte Ihr Sohn, wenn die Rückkehr zur Maulbronner Promotion ausgeschlossen ist, nicht eher in die neue Schöntaler eintreten - oder noch besser in die Kornthaler VIII. Cl. (am 27. Sept.)? Gerade in Geistesbildung, Ästhetik etc. überlegene Leute sind in unserer materiellen Industriestadt mehr als selten. In der Hoffnung, Ihnen bei andrer Gelegenheit besser dienen zu können, und mit herzlichem Gruß, auch der verehrten Frau Hesse

Ihr ergebener
E. Gmelin

15. August 1892

Euer Hochehrwürden

beehrt sich das unterzeichnete Sekretariat davon in Kenntnis zu setzen, daß die Ministerial-Abteilung spätestens auf den 1. September l. Js. einem Bericht über das dermalige Befinden Ihres für das Sommerhalbjahr 1892 zur Wiederherstellung seiner Gesundheit beurlaubten Sohnes Hermann entgegensieht, in welchem insbesondere über die Möglichkeit seines Wiedereintritts in das Seminar und der Wiederaufnahme seiner Studien bestimmte Angabe zu machen ist.

Hochachtungsvoll
Stuttgart, 15. August 1892
Sekretariat der 2. [?] Kult. Ministerial-Abteilung für Gelehrten- und Realschulen
[Unterschrift:] Fischer Stch.

Sr. Hochehrwürden
Herrn Missionar Hesse in Calw   (No. 5051)

Inspektor Pfarrer Schall an Johannes Hesse

Stetten, 16. August 1892

Sehr geehrter Herr Hesse!

Was denken Sie aber, uns mit einem solchen Cumulus von Büchern zu überraschen? Sie beschämen uns ganz durch Ihre Güte. Erlauben Sie gütigst, daß ich Ihnen zugleich im Namen meiner lieben Frau und meiner Schwestern den wärmsten Dank ausspreche. Aber auch eine Bitte habe ich auf dem Herzen, nämlich daß Sie mir erlauben, in die Subscription des Calwer Kirchenlexikons vollends einzutreten.

Ihre Mitteilungen über Hermann haben mich schmerzlich berührt. Kann sich denn ein Mensch so wandeln. Nicht ein einziges ungehöriges Wort haben wir in seinem Verhalten gegen Vorgesetzte bemerkt. Da wird es freilich gut sein, wenn er bald wieder zu fremden Leuten kommt, wo er sich nicht gehen lassen darf, sondern recht zusammennehmen muß.

Ich lege ihm diesen Brief bei. Halten Sie denselben nicht für geeignet - habeat sibi und wandre in den Papierkorb.

Daß die Anstalt natürlich jederzeit offen steht, versteht sich. Doch hoffe ich, daß Sie keinen Gebrauch davon machen müssen.

Vielleicht reisen wir im September nach Wildbad. Läßt es sich machen, so wollen wir Sie besuchen und Ihnen unsern Dank mündlich aussprechen. Mit freundlichen Grüßen an Sie und Ihre Frau Gemahlin

Ihr dankb. ergeb. Insp. Pf. Schall

* [Oben links steht:]
H. hat Urlaub bis
Ende 1892.
Bis 15. Dezember
Bericht erstatten.

Inspektor Pfarrer Schall an H. H.

Stetten, 16. August 1892

Lieber Hermann!

Es drängt mich dem Danksagungsschreiben an Ihren Herrn Vater auch für Sie einige Zeilen beizuschließen.

Es freut mich zu hören, daß es mit Ihrer Gesundheit gut geht. Nun, Sie können sich in der Vakanz vollends auf das ernste Studium des längeren Wintersemesters recht vorbereiten und Kraft dazu sammeln. Aber vergessen Sie nicht, daß dem proficere in litteris das proficere in moribus stetig zur Seite gehen muß. Beherzigen Sie auch den letzten Vers von Psalm 50. Vielleicht habe ich in einigen Wochen Gelegenheit Sie zu begrüßen, da ich mit meiner l. Frau nach Wildbad zu reisen gedenke. [...]

Heute ist alles im Öhmden. Die Steinkanzel ist fertig. Kommen Sie zum Jahresfest, so können Sie der Einweihung derselben anwohnen. Mit freundlichen Grüßen von mir und den Meinigen, auch von Arthur
      Ihr treubesorgter Insp. Pf. Schall

Wie trüb die Zukunft, wie trüb die Vergangenheit
Zweiter Aufenthalt in Stetten

II Aufnahme 22 August 1892

Entlassen 4 October 1892

N°. 1811   Abteilung: *Schloss P.*

Name und Alter	Heimath	Eintritt	Austritt	Krankheit
Hesse Hermann geb. 2 Juli 1877	Calw	22 Juni 1892	3 August 1892 *geflüchtet.*	*Melancholie (Jnnere Unsicherheit)*

Eltern: *Zt. Christlein u. Calw belzg ...*   Es bezahlt: *Im Jahr: 1200 M.*

Status receptionis

Allgemeiner Befund : *gute Ernährung, blasser Gesichtsfarbe, grosse Augen, graue Iris, intelligenter Gesichtsausdruck*

Körperlänge : *1,66 m*   **Körpergewicht** : *63 Klo*

Brustorgane :   **Bauchorgane** :

Schädel : *0 gut gebildet, wohlgeformt*

Ohne Seitenstichpunkte   Horizontalumfang: *55*   **Querdurchmesser** : *14:15*

wohlgeformt.   Längsumfang: *32*   **Längsdurchmesser** : *18,2*

Degenerationszeichen : *0*

Sinnesorgane :

  Auge: Pupillenweite : *mittel gleich.*

  Pupillenreakt. : auf { Convergenz: *prompt* / Lichteinfall: }   **Farbensinn** : *normal*

  Augenbewegg. : *normal*   **Augenhintergrund** :

  Refraktion : *Kurzsichtig, links u. g.*

  Gehör : *gut*   **Tast- u. Schmerzsinn** : *normal*

  Geruch : *normal*   **Muskelsinn** : *"*

  Geschmack : *"*   **Temperatursinn** : *"*

Reflexe: Sehnenreflexe: *fehlt nicht beiderseits gleich stark.*   **Hautreflexe** :

Motor. Verhalten : *rechts* händig :   **Grobe Muskelkraft** : *gut*

  Sprache : *deutlich*

  Coordination der

  ob. Extremit. : *normal*

  Coordination der   **Contrakturen** : *0*

  unt. Extremit. : *normal*

  Paresen und Atro-   **Fibrill. Zuckungen** : *—*

  phien : *0*

Psych. Verhalten :

Krankenblatt von
Hermann Hesse,
3 Blätter,
aus dem Archiv der
Diakonie Stetten.

```
I¹I Aufₙahme    22 August 1892

Entlassen   4 October 1892


No 1811                        Abteilung:  Schloss P
----------------------------------------------------------------

Name und Alter    Heimath      Eintritt      Austritt     Krankheit
----------------------------------------------------------------

Hesse Hermann     Calw         22 Juni       3 August     Melancholie
geb. 2 Juli 1877               1892          1892         (Primaere
                                             gebessert    Verrücktheit)
----------------------------------------------------------------

Eltern:  Vater: Redacteur i. Calwer Verlagsverein  Es bezahlt: Der Vater 1200 M.
----------------------------------------------------------------


              S t a t u s     r e c e p t i o n i s

Allgemeiner Befund: gute Erziehung, blühende Gesichtsfarbe, graue Augen.
                    Haare blond, intelligenter Gesichtsausdruck

    Körperlänge:  1,66 mtr        Körpergewicht    :  63 Kilo
    Bᵣustorgane:                  Bauchorgane      :
    Schädel    : o perkussions-
                   empfindlich
    Kleine Fontanelle
  Druckempfindlich
    Hₒrizontalumfang:  55         Querdurchmesser  :  14 : 15
    Längsumfang    :  32          Längsdurchmesser :  18,2
                ga)
→ Degeneꜰationszeichen: 0
  Sinnesorgane
  Auge: Pupillenweite
        Pupillenreakt. auf Convergenz   :  prompt
                       auf Lichteinfall :  prompt
        Augenbewegung  normal    Farbensinn       :  normal
        Refraktion               Augenhintergrund :
                   kurzsichtig
                   Brille Nr.9
                   _____
└ Degenerationszeichen:

    Gehör:           gut       Tast- u.Schmerzsinn   normal
    Geruch:          normal    Muskelsinn       :      "
    Geschmack:         "       Temperatursinn   :      "
  Reflexe         :
  Sehnenreflexe   :            Hautreflexe      :
  Motor.Verhalten :  rechtshändig Grobe Musklekraft:  gut
    Sprache       :  korrekt
  Coordination der
  ob.Extremit.    :  normal    Contrakturen     :  0
  Coordination der
  unt.Extremit.   :  normal    Fibrill.
  Pareꜱen und                  Zuckungen        :  -
  Atrophien       :  0
  Psych. Verhalten :
```

56

Krankenblatt des Hermann Hesse *

* Übertragung des Krankenblattes von Hermann Hesse, 2. und 3. Blatt.

2 ältere Stiefgeschwister u. 3 rechte Geschwister, die vollständig gesund sind. Pt hat sich geistig und körperlich normal entwickelt, war abgesehen von den gewöhnlichen Kinderkrankheiten u. wiederholten leichten Rheumatismen nie schwer krank: besuchte mit 6 Jahren eine Elementarschule in Basel; trat mit 9 Jahren in die IIte Classe des Lyzeums in Calw ein, bestand im Jahr 1891 das Landexamen (als 28ter unter 80 Schülern); kam dann ins Seminar Maulbronn; will mit Ausnahme von Mathematik stets leicht gelernt haben. Während der Vorbereitung zum Landexamen habe er sich vielfach unwohl gefühlt, namentlich über Schmerzen in der linken Brustseite geklagt, in den Ferien habe sich die Sache wieder gegeben. In Maulbronn scheint er nicht so sehr befriedigt gewesen zu sein, namentlich vermißt er Anschluß an gleichgesinnte Kameraden, von den 46 Zöglingen sei eben einer wie der andere gewesen, hätten sich 2 näher an einander angeschlossen, so seien sie ausgelacht worden. Von Weihnachten 91 habe sich eine nervöse Erregung bei ihm eingestellt, verursacht durch verschiedene Kleinigkeiten. Die strenge Disziplin habe ihm nicht behagt, da er gesehen, daß seine Kameraden sich trotz dieser wohlbefanden, habe er sich immer mehr von denselben zurückgezogen. Allmählich habe er nicht mehr so gut schlafen können, er habe sich alle möglichen Gedanken gemacht und da er körperlich sehr müde gewesen, so seien dieselben vielfach unklar gewesen. Geistige Arbeit sei ihm immer schwerer geworden.

Einmal lief er planlos fort, ohne sich weitere Gedanken zu machen, wurde am anderen Tage wieder zurückgebracht. Wiederholt seien ihm namentlich bei Nacht Gedanken gekommen, es wäre besser wenn er gar nicht mehr dawäre, wegen seines mürrischen, aufgeregten Wesens werde ihn doch niemand vermissen. Zeitweise habe er das Bedurfnis gehabt, bei kleineren Festen der Kameraden mitzumachen, er sei dann einer der ausgelassensten gewesen, plötzlich sei es aber wieder über ihn gekommen, das habe doch alles keinen Werth, er habe sich dann wieder Tage lang zurückgezogen und die ihn aufmunternden Kameraden zurückgestoßen, er habe Tage gehabt, wo er sich mit gar nichts beschäftigen wollte, nicht einmal ein Buch in die Hand nehmen.

Auf Wunsch seiner Eltern ging er anfang Mai nach Boll, wo er sich jedoch nicht befriedigt fühlte, sei viel allein gewesen, Selbstmordversuch, doch nahm er an den Geselligkeiten Theil, namentlich musicierte er viel. Der Schlaf sei auch dort sehr unregelmäßig gewesen. Allmählich sei er aber immer mehr aufgeregt worden und kam dann auf Veranlassung von Pfarrer Blumhardt hieher, war jedoch mit diesem Aufenthaltswechsel nicht einverstanden.

Vater sehr nervös
Blutsverwandtschaft
Vater 6 Jahre jünger als Mutter.

22. August - wird wieder eingeliefert, da er sich zu Hause nicht fügen kann, er ist grob gegen seine Eltern etc; sträubt sich gegen die

Verbringung in die Anstalt, giebt Antwort nur mit zögernder Stimme, über den Grund seines Betragens gegen seine Eltern verweigert er die Auskunft, nur einmal giebt er an, sie haben ihn eben nicht für gesund angesehen; macht finsteres, verschlossenes Gesicht, Gesicht mäßig injiciert (unsichere Lesart!), ist sehr verstimmt über die Verbringung in die Anstalt; im äußeren Benehmen entschieden nachlässiger als bei der ersten Aufnahme.

* Aus dem Pfleglingsbuch der Heil- und Pflegeanstalt Stetten.

Haupt-Verzeichnis sämtlicher Pfleglinge *
Rieth - Winterbach - Stetten i. R. 1849 ff.

1892.   **Erster Eintrag:**
Nummer: 1811
Name: Hermann Hesse
Eltern: Missionar J. Hesse
Heimat: Calw
Zahlende Person: S
Kostgeld: 1200
Krankheit: ep.
Geburtstag: 2. Juli 1877
Eintritt: 22. Juni 1892
Austritt: 5. Aug. 1892

                              Zweiter Eintrag:
Nummer: 1821
Name: Hermann Hesse
Eltern: Miss. Joh. Heße
Heimat: Calw
Zahlende Person: S
Kostgeld: 1200
Krankheit: ep.
Geburtstag: 2. Juli 1877
Eintritt: 22. Aug. 1892
Austritt: 5. Okt. 1892

Aus dem Tagebuch der Familie Hesse-Isenburg [1892]

In Stetten ging's über Erwarten gut. Die Gartenarbeit brachte Appetit und Schlaf und Hermann wurde körperlich auffallend gekräftigt. Als am 5. August Johannes ihn in Stetten besuchte, bat H. ihn, ihn mit heim zu nehmen. Da Herr Inspektor und der Arzt es lebhaft befürworteten, wagte es Johannes, so angst ihm dabei war.

Leider kam alles zusammen, was ungünstig sein konnte: es war Ferienzeit, Carl daheim, die Kleinen schulfrei; am folgenden Tag gleich kam Adrian Gover, den wir nehmen mußten, da Frau Inspektor - zu der er hätte kommen sollen, totkrank am Typhus lag, und keine Zeit zum Abschreiben mehr gewesen war; gleich darauf kam auch noch Einquartierung! Es war ein ganz ungewöhnlich heißer Sommer, dazu allerlei auswärtige Besuche von Deutsch-Russen und anderen aus den benachbarten Badeorten, tagtäglich war's bei uns wie ein Taubenschlag. Hermann war entsetzlich aufgeregt und gereizt, trutzte und schimpfte, wollte nicht mit spazieren, klagte über Langeweile und tat nicht, was Vater und Doktor verlangten. Schließlich sah sich Johannes genötigt, ihn am 22. August nach Stetten zurückzuschicken.

Furchtbare Erbitterung bei H. gegen uns war die Folge. Daß wir vergeblich beraten, gesucht, dahin und dorthin geschrieben hatten, um eine passende Bleibstätte für Hermann zu finden und aus Not ihn dahin zurücktaten, schien er nicht zu begreifen.

Leb wohl, du altes Elternhaus,
Ihr werft mit Schande mich hinaus,
Ade, ihr Lieben (?) groß und klein,
Von neuem bin ich jetzt allein!

Leb wohl, du Gott der ganzen Welt
Dem man den Bügel dienend hält,
Vom Dienen bin ich dumpf und matt,
Das Dienen hab ich lange satt.

Zum Teufel geht die Freiheit auch,
Sie war ja immer höchstens Rauch,
Ich werd' ins Irrenhaus geschickt,
Wer weiß - ich bin wohl gar verrückt.

H. Hesse

Aus Briefen von Hermann Gundert an seinen Sohn Hermann

Calw, 22. August 1892

Lieber Hermann,

letzte Woche, die uns Deinen Brief brachte, war die allertropischeste, die ich in Europa erlebt habe. Sie sagen ja, so heiß wie am Mittwoch (= 15. August) sei's in diesem Jahrhundert nicht gewesen. [...]

[...] Gestern Nachmittag war H. H. so unprestierlich, daß ihm sein Vater die Rückkehr nach Stetten ankündigte, die auch heute Morgen ausgeführt wurde, indem Missionar Seeger den armen Jungen begleitet. Er hatte noch ein Gedicht in Heinescher Mundart hinterlassen, worin er dem Elternhaus und seinem Gott lebewohl sagt. Der arme Kerl ist wirklich zu bedauern, denn es treibt ihn beständig, andern weh zu tun. Kannst Dir denken, wie Marie darunter leidet. Der arme Bursch würde gern studieren, d. h. in ein Gymnasium gehen, um seinen eigenen Phantasien zu folgen, aber Dr. Zahn meint entschieden, daß er ein Vierteljahr Handarbeit treibe, eh man's wieder mit geistiger Beschäftigung probiere. [...]

Calw, 29. August 1892

[...] Unser lieber Memmer ist jetzt eine Woche in Stetten, ohne daß er sich angestrengt hätte, einmal zu schreiben. Die Eltern fragen sich ob sie den Anfang machen oder auf seinen Schreibebrief warten sollen. [...]

H. H. an Johannes und Marie Hesse

Stetten, [30. August 1892]

Verehrte Eltern!

Obschon ich im Sinn hatte, nicht zu schreiben, muß ich doch um Einiges bitten. Es wäre nicht nötig, hätte ich auch nur ein wenig zum Packen Zeit gehabt. Wenn nötig will ich später die 25 Pf. Porto abzahlen.

Ich kam nach St., lebe hier schlechter als vorher, habe aber gegen Niemand geklagt, über Gott und Welt nur im Stillen geflucht. Dennoch wäre es mir höchst wünschenswert, wenigstens die 2 oder 3 leeren Hefte, die in "meinem" Studierzimmer im Fach sind, zu erhalten und "Dunst" und Matthisson. Im alten Stehpult (im Studierzimmer) liegt eine kleine schwarze Mappe in Heftform, ebenso ein kleines blaues Heftchen. Darum bitte ich, denn es ist durchaus selbsterworbener Besitz und mir als Erinnerung an bessere Zeiten lieb. Diese Gedichtchen mir zu nehmen, würde ich als Diebstahl und mein Unrecht als ausgeglichen ansehen. Dann würde ich frei und würde in Stetten bald nimmer zu sehn sein.

Doch das ist Eure Sache! Ich denke, den kleinen Gefallen wird man mir tun, vielleicht auch einen oder zwei von meinen Schillerbänden beilegen.

Es wird wohl wenig Aussicht für mich sein, anders wohin zu kommen. Nun, jedenfalls seid Ihr mich los, das genügt ja.

Achtungsvoll
H. Hesse Nihilist (haha!)

NB. Es ist mir im großen Ganzen furchtbar lächerlich zu Mut. Wenn ich die letzte Vergangenheit betrachte, muß ich oft herzlich lachen, über Alles, auch über mich, besonders wenn ich bedenke, was an Allem schuld ist. Wenn Ihr mir schreibt, ich sei wahnsinnig oder schwachsinnig, so will ich's Euch zulieb glauben und - doppelt lachen.

P.S. Obschon ich mich nicht gerne in falsche Dinge mische, bitte ich dennoch, nicht in meinem Interesse, die Zeilen Großvater nicht zu zeigen. Wozu soll der alte Mann sich noch über einen dummen Jungen ärgern.
Bitte niemand zu grüßen und seid selbst der innigsten Liebe Eures X Y versichert!!
Köstlich! So *muß* man Briefe schließen. Und die Leute schimpfen über Lügner.

H. H. an Johannes und Marie Hesse

Stetten, [1.] September 1892

Liebe Eltern,

heute hatte ich Besuch von Theo und Karl. Theo erzählte, Ihr seiet betrübt wegen meiner. Glaubt nicht, daß ich lustig sei. Wie viel gäbe ich für den Tod, wie viel für Lethe!

Theo sagte, ich solle Euch um Verzeihung bitten. Ich tue es aber unter diesen Umständen nicht, überhaupt von St. aus nicht. Wie elend steh ich jetzt da, wie trüb die Zukunft, wie trüb die Vergangenheit, wie satanisch die Gegenwart! O wäre jene unglückliche Kugel durch mein gepeinigtes Hirn gegangen!

Ein unseliges Jahr, 1892! Düster hat es im Seminar begonnen, dann selige Wochen in Boll, getäuschte Liebe, jäher Abschluß! Und jetzt: alles habe ich verloren: Heimat, Eltern, Liebe, Glaube, Hoffnung und mich selbst. Offen gestanden, ich sehe und bewundere Eure Opfer, aber eigentlich Liebe? Nein. -! Stetten ist mir die Hölle. Wenn das Leben des Wegwerfens überhaupt wert wäre, wäre das ganze Leben nicht ein bald heiterer, bald schwarzer Wahn - ich möchte mir den Schädel an diesen Mauern einrennen, die mich von mir selber trennen. Und dazu dieser trübe Herbst und der nahe schwarze Winter. Ja, ja, es ist Herbst, Herbst in der Natur und im Herzen: Die Blüten fallen, ah, das Schöne flieht und eisige Kälte bleibt zurück. Und ich bin der Einzige unter einigen Hunderten von entmenschten Irren, der dies fühlt. Fast wünsche ich mir den Irrsinn, es muß unendlich süß sein, alles, alles verschlafen, vergessen zu können, Lust und Leid, Leben und Schmerz, und Liebe und Haß!

Aber ich habe mich verplaudert. Elend, nein kalt will ich sein, eisig kalt gegen Alle, Alle! Ihr seid ja meine Kerkermeister: Euch darf ich nichts klagen. Lebt wohl, lebt wohl, ich will allein sein, vor diesen Menschen graut mir. Sagt niemand, daß ich sterbensmüde, unglücklich bin! Laßt mich hier draufgehen, den tollen Hund, oder seid meine Eltern! Augenblicklich kann ich nicht Sohn sein, ich habe genug zu kämpfen, dem eigenen Unglück zu trotzen; nochmals, seid meine Eltern aber - warum nicht lieber mich schneller töten?

Ich kann nicht mehr schreiben, ich müßte weinen und will doch tot und kalt sein. Adieu!   H.

H. H. an Johannes Hesse

Stetten, 4. September 1892

Wehrter [sic] Papa!

Dank für Paket! Es tut mir leid, daß Ihr Euch so bemüht und mir so Vieles geschickt habt: ich habe keinen Quadratmeter Raum für meine Sachen.

Eben hatte ich mit Herrn Inspektor ein Gespräch, d. h. er sprach und ich hörte zu. Es war sehr erbaulich, Herr Pfarrer könnte mich fressen wegen des Briefchens, von dem Theo ihm schreibt. Natürlich wird auch dieses ihm geschickt. Bitte, warum sagt Theo nicht einfach?: "Hermann halten wir für schwachsinnig, er darf nicht studieren."

Mir wäre Alles einerlei, d. h. in viel höherem Grad einerlei als jetzt, wenn Ihr reich wäret. Aber so ist mir unendlich schwer, daß jeder Brocken, den ich esse, von Euch teuer bezahlt wird. Ich weiß, das Leben ist hier teuer, so teuer wie in Boll vielleicht, aber Euer Privatvergnügen ist's, das zu zahlen, es gibt ja billigere Gefängnisse als Stetten.

Herr Inspektor nahm mir Turgenieffs "Dunst". Dieses elende Leben ohne Reiz, ohne Bildung, ohne Unterhaltung genüge einem Tier; ich will auch etwas nicht Alltägliches haben, wenn auch nur in Lektüre. Ihr würdet mich da natürlich mit dem Pietismus abspeisen. Herr Inspektor wird mich's schwer fühlen lassen wenn er dies liest oder davon hört, aber ich bitte Euch durchaus nicht, ihm nichts zu sagen, ganz im Gegenteil.

Da hält man mir Reden: "Wende dich an Gott, an Christus, etc, etc!" Ich kann eben in diesem Gott nichts als einen Wahn, in diesem Christus nichts als einen Menschen sehen, mögt Ihr mir hundertmal fluchen.

Heinrich Heine sagte bei seinem Tod: Dieux [sic] me pardonnera; c'est son metier[sic]. Ich kann wohl auch sagen: Dieux [sic] me condamnera, c'est son metier [sic] ou plaisir. Nach Herrn Inspektors Logik darf ich mich nicht Nihilist unterschreiben, also

H. Hesse, Exsulant
Motto
"Ubi bene, ibi patria,"
Sed ubi bene?

Papa unterschreibt sich an Herrn Inspektor: "Ihr betrübter etc". Bitte suche nicht betrübt zu sein, es hilft gar nichts! Versuche einmal zu lachen!

Hermann Gundert an seinen Sohn Hermann

Calw, 5. September 1892

[...] In zehn Tagen wird unser Hermann Gundert nach Urach abgehn, während der Hermann Hesse noch in Stetten steckt und den Eltern nur schreibt, was ihnen wehtun muß. Zuweilen meint man, man sollte ihn durchschlagen, dann besinnt man sich wieder auf seine Krankheit und hat das tiefste Mitleid mit ihm. Gott wolle sich seiner erbarmen! [...]

Inspektor Pfarrer Schall an Johannes Hesse

Stetten, 6. September 1892

Sehr geehrter Herr Hesse!

Unsere Briefe haben sich das letztemal gekreuzt.

Ich habe auf Ihren Brief hin Hermann den Standpunkt klar gemacht und ihm ernstlich ins Gewissen geredet, wie er sich versündige, wenn er so wenig das 4. Gebot halte. Ich sagte ihm, daß wenn mir ein Sohn einen derartigen Brief schreiben würde, ich ihm ad oculos in schlagender Weise demonstrieren würde, was ein derartiges Betragen verdiene. Ich hielt ihm vor, wie viel Sie und Ihre Frau an ihm tun und ob das der Dank sei u.s.w., sagte ihm auch, daß ich in ähnlicher Lage meinem Sohn sagen würde, daß es nun mit dem Studieren aus sei. Ich bemerkte ihm, daß ich erwarte, daß er Sie um Verzeihung bitte. Ich bin nun sehr begierig, ob er es tut.

Ich habe ihm auch am Sonntag einen Romanen genommen, den er von seinem Bruder in Waiblingen erhalten hatte - von Turgenieff. Derlei Geschichten verrücken ihm den Kopf und nehmen ihm die Lust zur Arbeit - abgesehen davon, daß Turgenieff'sche Romane für sein Alter absolut nicht taugen.

Ich erklärte ihm, daß er durch derartige Lektüre die vis inertiae groß ziehe, gegen die er ohnehin zu kämpfen habe. Ich will nun sehen, ob die Lektion gefruchtet hat.

Ich kann sonst nicht über ihn klagen. Er folgt mir, sobald ich etwas verlange. Ich sagte ihm auch, daß durch ein derartiges Betragen sein Aufenthalt hier sich bloß verzögere und daß er sich dadurch am meisten schade. Vollends den Nihilisten stellte ich ihm in seiner vollen dummen Lächerlichkeit dar, wenn er bedenke, daß er ein 15jähriger Mensch mit wenig Erfahrung und Einsicht sei. Auf der anderen Seite aber behandle ich ihn immer wieder als einen Kranken - und das ist er auch. Die Nervenverstimmung hat ja merkwürdige Erscheinungen in ihrem Gefolge wenn nicht die sittliche Willenskraft corrigierend und hemmend einwirkt.

Im übrigen möchte ich Hermann unserer gemeinschaftlichen Fürbitte empfehlen, daß auch er die befreiende Kraft des göttlichen [unleserlich] erfahren darf. Nach Wildbad werden wir wahrscheinlich nicht kommen. Es will sich nirgends schicken.

Mit freundlichen Grüßen
Ihr erg. Insp. Pf. Schall

63

Johannes Hesse an H. H.

Calw, 10. September 1892

Mein lieber Hermann!

Ich wünsche, Du könntest in mein Herz sehen, wie es da vor Liebe und Teilnahme für Dich brennt. Das müßte Dir in Deinem schweren Leid ein Trost sein. Allein und unverstanden leiden ist schwer. Aber siehe, wir fühlen mit Dir und ich glaube, ich kann auch sagen: ich verstehe Dich, denn ähnliche Stimmungen, Gefühle und Gedanken sind auch mir nicht fremd geblieben. Was Dir am meisten fehlt und was ich Dir jetzt vor allem wünsche, ist Geduld und Tapferkeit, die Übel des Lebens zu tragen. Nur nicht gleich verzweifeln und alles wegwerfen. Über Nacht kann sich vieles ändern. Man kann auch ein halbes Jahr und länger wie im Fegfeuer sein, und dann bricht eine neue Zeit an, in der man selbst ein anderer geworden ist und das frühere Ich kaum wiedererkennt.

Du meinst, wir sollten doch lieber gleich erklären, daß Du nie studieren dürftest. Aber ein solcher Beschluß ist bei uns gar nicht gefaßt. Niemand kann es leider tun als uns, daß Du von Maulbronn fortgekommen und daß nach bestimmtem ärztlichem Ausspruch der Eintritt in ein Gymnasium verschoben werden muß, bis Du durch körperliche Arbeit und geistige Ruhe wieder in eine normale Verfassung gekommen bist. Das Unnormale besteht darin, daß Du Dich in Deinem Urteilen, Reden und Handeln ausschließlich von den Lust- und Unlustempfindungen, nicht von sittlichen Gesichtspunkten bestimmen läßt. Die sittlichen Gesichtspunkte, welche ich meine, sind die allergewöhnlichsten: nämlich die Rücksicht auf Dein eigenes wahres Beste, bezw. auf Deine Zukunft, und dann die Rücksicht auf andere bezw. die Liebe zu Eltern und Geschwistern.

Daß Du die nötige Erholung nicht daheim im Elternhaus haben kannst, ist mir ein tiefer Schmerz. Ich habe den Versuch gemacht und - so oft ich sah, wie Du Dir Mühe gabst, Dich selbst zu überwinden und in das Zusammenleben Dich zu schicken - mich herzlich gefreut und Hoffnung geschöpft. Wenn ich Dir sympathischer wäre, wenn ich selbst mehr Geduld und Weisheit hätte, namentlich auch wenn ich nicht selbst so nervös wäre, dann ginge es wohl gut. So aber ist es eben nicht gegangen. Und in Stetten bist Du nicht zur Strafe, sondern lediglich deswegen, weil wir keinen andern Ort wissen oder finden, der besser wäre.

Bitte, glaube an unsere Liebe und an unser Wohlmeinen. Wir können ja Fehler machen, wir sind irrende, schwache Menschen. Aber wir tun was wir können und was wir für recht ansehen.

Du sagst, Du wolltest von Stetten aus nicht um Verzeihung bitten. Das verlange ich auch nicht. So etwas muß ja überhaupt aus innerster Überzeugung kommen. Dagegen bitte ich, verzeihe doch mir alles, womit ich nach Deiner Meinung Dir unrecht getan habe. Warum sollen wir im Hader mit einander sein? Du scheinst ja zu meinen, daß wir Dir "fluchen". Nein, zu fluchen habe ich noch nie gelernt. Ich kann weinen um Dich, ich kann Dich anders wünschen, ich kann Dir auch, wie jeder wahre Freund dem andern Gefahren und Unrecht vorhalten und Dich warnen - aber das ist doch nicht fluchen. Fluchen lernt man in der Schule nicht, in welcher ich gelernt habe und täglich noch lerne.

Deinen ersten Brief habe ich Herrn Inspektor nicht geschickt oder abgeschrieben, sondern nur etwas daraus mitgeteilt, namentlich die Unterschrift. Vom zweiten und dritten habe ich ihm nichts gesagt, tue es auch jetzt nicht. Wir alle grüßen in Liebe

Dein Papa.

H. H. an Johannes und Marie Hesse

Stetten, 11. September 1892

L[iebe] E[ltern]!

Eben wollte ich ein wenig Violine spielen. Ich nahm die Geige zur Hand, schaute hinaus in den sonnigen Tag und unwillkürlich glitt Schumanns "Träumerei" über die Saiten. Mir war so halb wohl, halb weh, halb schläfrig zu mut. Und die leisen, wiegenden Töne paßten zu meiner Stimmung. Ich verlor mich in die Klänge und träumte von ferner, besserer Zeit, von den schönen, glücklichen Tagen in Boll. Da - ein jäher Knall, ein schriller Mißton, eine Saite war gesprungen. Ich wachte auf aus dem Traum und war wieder - in Stetten. Nur Eine Saite war gesprungen, aber die andern

alle verstimmt. Gerade so ist es bei mir; mein Bestes, mein Lieben, Glauben und Hoffen, habe ich in Boll zurückgelassen. Und welcher Kontrast:

In Boll spielte ich etwa im hübschen Saal mit lieben, netten Bekannten Billard; die Elfenbeinkugeln rollen leise, man hört das Knirschen der Kreide, Lachen und Scherzen. Oder ich sitze auf bequemem Sopha, spiele Dambrett mit irgend jemand und daneben rauschen die majestätischen Akkorde einer Beethoven-Sonate.

Und hier: Ich sitze im Zimmer, drüben klingt schläfrig die Orgel, unten singen Schwachsinnige mit näselnden Stimmen ein Kinderlied.

Aber der Hauptkontrast ist in mir selber. Nimmer das stille Glück, nimmer die bebende Leidenschaft von Boll ist in mir, sondern eine tote, wüste Leere. Ich könnte fliehen oder bewirken, daß ich hier ausgewiesen würde, könnte mich ruhig hängen oder irgend etwas, aber wozu? Das Glück ist gegen mich, Papa jedenfalls noch viel wütender als damals, wie er mich aus dem Hause warf. Der Arzt spricht sich ungünstig oder gar nicht aus, ja, zum Geier, was soll denn da aus mir werden. Wäre mein Unwohlsein tödlich, so wäre ich über Alles ruhig. Mir steht fest, daß ich so in Stetten nimmer sein kann, und wenn man mich mit Gewalt und Opfern zum Pessimisten macht, so erkläre ich, daß ich dies ohne Andere sein und bleiben kann. Wenn keine Änderung meiner Lage möglich ist, denn eine Versetzung nach einem ähnlichen Ort wie Stetten hilft nichts, so brauche ich weder Arzt noch Eltern, um zur Verzweiflung und zum Verbrechen gebracht zu werden. Wenn Papa mich zuhause als Sohn nicht brauchen kann oder im Studium, so hilft ihn der Sohn in der Irrenanstalt auch nichts. Die Welt ist groß, sehr groß und auf einen kommt es nicht an.

Übrigens warte ich auf Antwort; wenn Ihr nichts zu antworten habt, ist die Sache ja ganz einfach. Ich hoffe noch ein wenig, aber was - Unsinn!

Seht, Theo schrieb mir neulich: "Schlag Dir doch das Mädchen aus dem Sinn; es gibt tausend bessere und schönere!" Ebenso könnte man Euch schreiben: "Schlagt Euch doch den Jungen aus dem Sinn" etc etc.

H. Hesse

Und soll ich es glauben und ist es wahr?
Die Sonnenstrahlen, das Bächlein klar
Der junge Frühling, die Blüt' am Baum
Sie alle waren nur Schaum und Traum?

Es hat doch die Welle so silbern geschäumt
von sinkender Sonne mit Purpur gesäumt,
Es klang doch der munteren Vögelein Lied
So heiter durchs Land und durchs frohe Gemüt,
So glücklich war doch das junge Herz
Und schaute begeistert himmelwärts,
So selig wogte in weiter Brust
Der ersten Liebe unendliche Lust,

Und alles war nur ein neckischer Sang,
Der unverstanden im Tale verklang,
Und alles war nur geglaubt und geträumt
Und ist im Herbst verduftet, verschäumt?

So lebe denn wohl, mein Sonnenschein
In Winter und Stürmen gedenk ich dein,
In Schnee und Eise durchzieht's noch die Brust
Wie Träumen von Lenz und Liebe und Lust,
O Sonne, und wenn du wiederkehrst,
Das Lied der Vögel im Busche hörst,
So scheine auch auf mein stilles Grab
Mit Wärme und Liebe und Mitleid herab,
Und bringe dem Frühling, dem Letzten, Gruß
Und meiner Liebe den Abschiedskuß.

H. Hesse.

Nachdem ich das geschrieben, kommt Papas Brief. Er sagt unter anderem: "Verzeihe doch mir alles, womit" etc. etc. Das klingt sehr ironisch, wenn's vielleicht auch anders gemeint ist. Nun, aus Ironie setzt sich größtenteils das Geschick zusammen. So oft ich einen Bekannten von alter Zeit spreche oder sehe, kommt es mir als Ironie vor und nichts kann mehr verbittern als Ironie bei einem Unglücklichen oder Kranken. Papa spricht auch von einer "Zeit, in der man selbst ein andrer geworden". Ganz recht, ich brauche nur die letzten Monate anzusehen: Ja, ich bin ein Anderer. Überhaupt besteht die ganze Streiterei einfach darin, daß total verschiedene Meinungen da zusammentreffen, wo man Sympathie erwartet.

Ihr seht nach diesem elenden Leben ein besseres, während ich mir's ganz anders denke und darum dies Leben entweder wegwerfen oder etwas davon haben möchte. Was hilft es auch einmal, wenn ich gelernt habe, mich wie ein Drescher aufzuführen etc: Papa nennt Stetten den "besten" Ort, weil ich da dingfest bin und Ihr mich sicher los seid. O glaubt, diese kalten Erklärungen meinerseits sind's nicht, die mich erfüllen und bewegen, nein, es ist ein wehmütiger Schmerz um den verlorenen ewigen Frühling etc, ein Heimweh, aber nicht nach Calw, sondern nach etwas Wahrem. Ich sehe aber in Leben und Treiben, Hoffen und Lieben nur Wahn, nur Empfindung; wie Turgenjeff sagt: "Dunst, Dunst"! Wenn ich vor Monaten mein jetziges Leben gesehen hätte, hätte ich's für einen bösen, unmöglichen Traum gehalten. Dieser kalte, halb gelehrte, halb praktische Pfarrer mit seinen Predigten, diese ungebildeten Wärter, diese Kranken mit den abstoßendsten Gesichtern und Manieren, etc, etc, alles ist mir in der Seele verhaßt und wie gemacht, einem jungen Menschen zu zeigen, wie elend dieses Leben mit Allem ist. Was habe ich immer für gute Musik, gute Poesie etc. gegeben!: Von alledem hier keine Spur, die nackteste, ausgesucht finsterste Prosa. Es wäre anders, wenn ich hier aufgewachsen wäre. Wie der eben ausgeschlüpfte Schmetterling könnte ich mich dann später der Sonne freuen. Aber ich kenne die Sonne: Sperret den ausgeschlüpften Schmetterling wieder ein! Doch wozu diese Erklärungen, Ihr seid in Calw und nicht in Stetten, ich bin in Stetten und nicht in Calw. Ihr atmet eine andre Luft als ich, "Hermann in Stetten" ist Euch fremd, ist Euer Sohn nicht. Die Gartenarbeit ist mir verhaßt, und seit ich hier bin, war ich erst einigemal im Garten, obgleich ich jeden Tag gehen "sollte". "Mein Vater konnte mich nicht brauchen und hat mich nach Stetten geschickt" und damit basta. Da sitze ich, weil

ich anderswo nicht sein darf und weine über mich, während ich über den Inspektor lache. Ich lasse mich von ihm nicht zwingen. Wenn er erfährt, daß ich nicht im Garten oder im Livius arbeite, so gibt er mir zu wenig zu essen u. ä., vielleicht droht er auch mit Zellenhaft. Er mag's tun.

Meine letzte Kraft will ich aufwenden, zu zeigen, daß ich nicht die Maschine bin, die man nur aufzuziehen braucht. Man hat mich mit Gewalt in den Zug gesetzt, herausgebracht nach Stetten, da bin ich und belästige die Welt nimmer, denn Stetten liegt außerhalb der Welt. Im Übrigen bin ich zwischen den vier Mauern mein Herr, *ich gehorche nicht und werde nicht gehorchen*. Wenn der Inspektor es merkt, wird es furchtbare Auftritte geben, ich werden geschunden werden, es geschieht ja alles *zu meinem Besten!*

Für's Elternhaus, für die Familie hat mich die Natur, wie mir scheint, nicht bestimmt, doch dürft Ihr nicht sagen wie Posa:

"Wie arm bist du, wie bettelarm geworden,
Seitdem du niemand als dich selber liebst."

Dies verdiene ich nicht. Ich liebe mich selber, wie jeder, aber nicht deshalb kann ich hier nicht leben, sondern weil ich eine andere Atmosphäre brauche, um meinen Zweck als Mensch erfüllen zu können und - zu wollen. Ihr seht, ich strenge mich an, Alles objektiv zu erklären, alle Einwendungen im voraus abzuschlagen; denn ich möchte endlich eine Entscheidung. Sagt so - und ich werde Fremde in Euch sehen, sagt so - und ich kann leben und schaffen. Was hilft es mich, wenn Papa X mal wiederholt: "Glaube, daß wir es gut mit Dir meinen"? Diese Phrase ist nicht die Bohne wert. Ich muß unter Menschen sein, ich kann ja mit Julius sagen: "Mein Herz suchte sich eine Philosophie und die Phantasie unterschob ihre Träume. Die wärmste war mir die wahre. Ich forsche nach den Gesetzen der Geister, aber ich vergesse zu erweisen, daß sie wirklich vorhanden sind. Ein kühner Angriff des Materialismus stürzt meine Schöpfung ein". [1]

Wenn ich sage "Du sollst" oder gar, "du solltest", so sagt der Materialismus "Du mußt" etc. etc. Ja, der materiellste Materialismus ist hier, die Luft selbst scheint hier materieller zu sein. Es gibt hier kein Hoffen und Glauben, kein Lieben und geliebt werden, viel weniger irgend ein Ideal, irgend etwas Schönes, Ästhetisches, keine Kunst, keine Empfindung; was mehr ist als Arbeit und Essen, fällt weg, es gibt nichts Höh'res auf der Erde, keine grössere Macht als den augenblicklichen Vorgesetzten, kein Motiv als fremden Befehl, es gibt, mit einem Wort gesagt, hier keinen Geist. Nicht einmal sinnliche Vollkommenheit gilt hier etwas, selbst die paar Adelige, die da sind, sind ein Teil des sinnlosen Proletariats, das sich hier angesammelt hat. Ich beanspruche ja gewiß nicht, mit den hiesigen Menschen etwa politisieren zu können u. ä., aber nicht einmal ein ordentliches Privatgespräch kann da zurecht kommen. Über diese elende Masse erhaben zu scheinen, ist aber doppelt gefährlich, da all die Kranken nichts fühlen ließen und zum Teil fühlen lassen. Denn so dumm sind dann doch wieder wenige, daß sie nicht plumpe Intrigen in Szene setzen könnten.

(1) Fr. Schiller, Philosophische Briefe. (Nationalausgabe, Bd. 20: Philosophische Schriften, Teil 1. Weimar 1962 S. 115.)

Während ich das schildere bin ich durchaus nicht aufgeregt, was mein Wärter bezeugen kann, der von diesem Brief teilweise weiß. Überhaupt suche ich hier möglichst kalt und kategorisch die Verhältnisse zu schildern. Und jetzt frage ich, nur als Mensch, (denn ich erlaube mir, gegen Euren Willen und meine 15 Jahre, eine Ansicht zu haben): Ist es recht, einen jungen Menschen, der außer einer kleinen Schwäche der Nerven so ziemlich ganz gesund ist, in eine "Heilanstalt für Schwachsinnige und Epileptische" zu bringen, ihm gewaltsam den Glauben an Liebe und Gerechtigkeit und damit an einen Gott zu rauben? Wißt Ihr, daß ich, als ich das erstemal von Stetten kam, wieder leben und ringen wollte und daß ich jetzt, so ziemlich geheilt, innerlich kränker bin als je? Wäre es nicht besser, ein solcher würde mit einem Mühlstein um den Hals in's Meer versenkt, da es am tiefsten ist?

Ich weiß nicht, ob Ihr beim Lesen dieses lacht oder erschreckt, mir jedenfalls ist es bitterer Ernst und ich frage Euch von einem allerdings nur idealen, aber menschlichen Standpunkt aus. Es mag Euch unverschämt erscheinen, aber was ich im ersten, zweiten und dritten Brief zwischen den Zeilen sagte, habt Ihr, vielleicht absichtlich, auf sich beruhen lassen, so sage ich's im 4. Brief deutlich, denn Deutlichkeit erachte ich für eine Hauptbedingung in jeder Korrespondenz. Ihr sagt vielleicht: "Du hast ja die Verantwortung nicht". Aber ich habe den Schaden, ich bin schlechterdings einmal das Medium und glaube mich selber doch auch etwas anzugehen. Ihr sagt als "Fromme": "Die Sache ist ganz einfach.

Wir sind Eltern, du bist Kind, damit basta. Was wir gut heißen, ist gut, mag's sein, was es will."

Ich aber sage von meinem Standpunkt aus: "Ich bin Mensch, "Person", wie Schiller sagt, meine Erzeugerin ist allein die Natur, und sie hat mich nie, nie schlecht behandelt. Ich bin Mensch und erhebe vor der Natur ernst und heilig Anspruch auf das allgemeine Menschenrecht und dann auf das Spezielle." Ich behaupte: Kein Verdienst verschafft uns ein eigentliches Recht, sondern dieses besteht von der Natur, die uns zu den und dem bestimmt hat. Ich sage, wenn es auch, selbst in meinen Ohren, seltsam klingt: Ich habe von der Natur gar nicht das Recht, unter Schwachsinnigen und Epileptischen zu leben.

Doch auf Ansichten von Nichterwachsenen und auf deren Rechte als Menschen gebt Ihr nichts, das weiß ich, und lasse Euch Eure Ansicht aus sehr einfachem Grund.

Zu bemerken ist noch, daß ich äußerlich besser gesund bin als je. Ich schlafe wie ein Ratz, habe Appetit und Kraft, Kopfweh und Übelsein ist ja schon lange fort. Geistige Arbeit strengt mich kaum an. Ich bin seit Maulbronn um 4 cm größer und um 16 Pfund schwerer geworden. Obschon Papa mich zu verstehen meint, scheint es doch anders zu sein. Da schreiben wir Brief um Brief, in jedem steht das Gleiche und in jedem etwas anderes!

Es ist jedenfalls sehr, sehr merkwürdig, daß es für einen jungen Mann von 15 Jahren, der nervös, sonst ganz gesund ist, Schule besucht hat etc, etc, gar, gar keinen Ort in der unendlichen Welt gibt als - Stetten im Remstal, Schloß, No. 29. Wenn ich mehr Geld und auch menschliche Gesellschaft hätte, würde ich all dies im Wirtshaus vergessen. Dahin hat die elterliche Liebe den Sohn, mit dem man es ja so engelgut meint, gebracht, daß er sich um einen tollen Nachmittag in Gesellschaft verkaufen würde.

Ihr wißt selber, was es ist um ein blutjunges, frohes Herz mit Poesie und Ideal, wißt, was Feuer, Begeisterung, wißt, was junge Liebe und Maitraum ist, Ihr wißt, daß die Jugend der glückliche Lenz ist und nur darum so schön weil

Singend über Tal und Höh'n
Sobald er weiter zieht!

Ihr wißt, wie rührend sanft und wehmütig Geibel warnt:

Oh Rühret, rühret nicht daran!

Und hier wird jegliches Ideal, jede Liebe profaniert, mißverstanden, verlacht. Ihr sagt, ich habe noch ein ganzes Leben vor mir. Allerdings, aber die Jugend ist das Fundament, da ist das Herz noch empfänglich für Gutes und Böses. Aber ach, ich vergesse, daß Ihr andere Menschen seid, ohne Makel und Fehl, wie die Statue, aber ebenso tot. Ja, Ihr seid echte, wahre Pietisten, wie Nikodemus (?) [2]: ein Jude, in dem kein Falsch ist. Ihr habt andre Wünsche, Anschauungen, Hoffnungen, andre Ideale, findet in Andrem Eure Befriedigung, macht andre Ansprüche an dieses und jenes Leben; Ihr seid Christen, und ich -

[2] Nathanael (Joh. I, 47).

69

nur ein Mensch. Ich bin eine unglückliche Geburt der Natur, der Keim zum Unglück liegt in mir selber; aber doch glaubte ich erst vor Monaten, im Schoß der Familie glücklich sein zu können.

Ich kann, wie Posa zu Don Carlos, zu mir sagen:
" – o der Einfall
"war kindisch, aber göttlich schön. Vorbei
"sind diese Träume!" –

Ich setze den Brief fort, weiß aber selbst nicht recht, warum.

Könntet Ihr in mein Inneres blicken, in diese schwarze Höhle, in der der einzige Lichtpunkt höllisch glüht und brennt, Ihr würdet mir den Tod wünschen und gönnen. Da liegt vor mir Livius: Ich soll darin arbeiten und kann kaum! Gerne würde ich den Livius samt Lexika, die ganze Irrenanstalt, Boll, Calw, Zukunft, Gegenwart und Vergangenheit ins Feuer werfen und selbst hineinstürzen.

Gerne möchte ich fliehen, aber wohin im kalten Herbst, ohne Geld und ohne Ziel, ins Graue hinein? Wohin in dem von Landjägern durchkreuztem Land? Erwünscht wäre es mir jetzt, wenn etwa eine Revolution ausbräche, die Cholera bald käme. Im allgemeinen Elend kann der Kleine ruhig sterben.

In Boll habe ich erst lachen, dann weinen gelernt, in Stetten habe ich auch etwas gelernt: Fluchen. Ja, das kann ich jetzt! Fluchen kann ich mir selbst und Stetten vor allem, dann den Verwandten, dem verhaßten Traum und Wahn von Welt und Gott, Glück und Unglück. Wenn Ihr mir schreiben wollt, bitte nicht wieder Euren Christus. Er wird hier genug an die große Glocke gehängt. "Christus und Liebe, Gott und Seligkeit" etc etc steht an jedem Ort, in jedem Winkel geschrieben und dazwischen - alles voll Haß und Feindschaft. Ich glaube, wenn der Geist des verstorbenen "Christus", des Juden Jesus, sehen könnte, was er angerichtet, er würde weinen. Ich bin ein Mensch, so gut wie Jesus, sehe den Unterschied zwischen Ideal und Leben so gut wie er, aber ich bin nicht so zäh wie der Jude, ich!

Lebt wohl!

Ich bitte also nochmals, bestimmt zu antworten, ohne Phrasen, ohne Schonung, aber nicht im Zorn über meinen Brief.
Im Übrigen verbleibe ich u.s.w.

Hermann Gundert an seinen Sohn Hermann

Calw, 12. September 1892

[...] Dann packt jetzt auch der H[ermann] G[undert] für den Übergang nach Urach, welcher am nächsten Donnerstag vollzogen werden soll [...]

Vom Vetter in Stetten kann ich nur sagen, er schreibt noch immer rabiate Briefe - "kann Jesum nur einen Menschen nennen, wieviel mal Ihr mir auch fluchen möget" etc. Jetzt scheint er einen ganzen Wunsch zu haben, Gymnasial-Studien zu machen, aber wie lang das anhält, läßt sich eben nicht sagen. Theodor und Karl sind bei ihm gewesen, haben sich aber über den Besuch noch nicht ausgesprochen. [...]

Johannes Hesse an H. H.

Calw, 13. September 1892

Lieber Hermann!

Heute kam Deine Anfrage wegen der Einladung zu v. Podewils. Da ich keine Ahnung habe, was das für Leute sind und ob die Eltern v. P. mit der Einladung einverstanden sind, kann ich rein nichts sagen. Ich habe Herrn Pfarrer Schall gebeten, darüber zu entscheiden. Frage ihn. Er hat ja wohl schon mit dieser Familie korrespondiert.

Im übrigen wiederhole ich meine frühere Versicherung, daß es mir voller Ernst damit ist, Dich in ein Gymnasium gehen zu lassen, sobald Dein Zustand so ist, daß man irgendwelchen Erfolg davon erwarten darf. In Deinen Briefen spricht sich ein solcher Freiheitsdrang und ein solcher Zorn über die Welt, wie sie nun einmal ist, aus, daß ich nicht begreifen kann, wie Du in solcher Stimmung es unter dem Zwang einer Schulordnung sollst aushalten und mit Nutzen studieren können. Du hast es ja in Maulbronn nicht ausgehalten, Du hast zuhause gegen jede Dir unangenehme Zumutung Dich aufgelehnt, Du schimpfst jetzt über alles in Stetten. Wir machen Dir darüber keine schrecklichen Vorwürfe. Aber wir halten das für einen ganz krankhaften Zustand, von dem Du geheilt werden kannst, wenn Du wie während deines ersten Aufenthalts in Stetten so auch jetzt wieder gutwillig und mit Hoffnung Dich in alles schickst. Wir schneiden Dir die Hoffnung gewiß nicht ab. Ich bitte Dich wieder und wieder um Geduld. Hat Dein Gemüt sich beruhigt und hast Du Dich einige Monate in Selbstbeherrschung und Gehorsam bewährt, dann und nur dann wird die Erfüllung Deines Wunsches Dir selbst heilsam sein. An mir soll es dann wahrlich nicht fehlen.

Ich zürne Dir nicht. Zürne auch mir nicht. Wir sind Menschen und nicht Götter.

Dein Vater H.

H. H. an Johannes Hesse

Stetten, 14. September 1892

Sehr geehrter Herr!
Da Sie sich so auffällig opferwillig zeigen,
darf ich Sie vielleicht um 7 M oder gleich um
den Revolver bitten. Nachdem Sie mich zur
Verzweiflung gebracht, sind Sie doch wohl
bereit, mich dieser und sich meiner rasch zu
entledigen. Eigentlich hätte ich ja schon im
Juni krepieren sollen.

Sie schreiben: Wir machen Dir gar keine
"schrecklichen Vorwürfe"! weil ich über
St[etten] schimpfe. Dies wäre auch mir
durchaus unverständlich, denn das Recht zu
schimpfen darf man einem Pessimisten nicht
nehmen, weil es sein einziges und letztes ist.
"Vater" ist doch ein seltsames Wort, ich scheine es nicht zu verstehen. Es muß· jemand
bezeichnen, den man lieben kann und liebt,
so recht von Herzen. Wie gern hätte ich eine
solche Person! Könnten Sie mir nicht einen
Rat geben. In alter Zeit war das Fortkommen
leicht: jetzt ist's schwer, ohne Scheine,
Ausweise etc. durchzukommen. Ich bin
15jährig und kräftig, vielleicht könnte ich an
der Bühne unterkommen.

Mit Herrn Schall mag ich nicht verhandeln,
der herzlose Schwarzfrack ist mir verhaßt, ich
könnte ihn erstechen. Er gönnt mir keine
Familie, so wenig als Sie oder irgend jemand.
Ihre Verhältnisse zu mir scheinen sich immer
gespannter zu gestalten, ich glaube, wenn ich
Pietist und nicht Mensch wäre, wenn ich jede
Eigenschaft und Neigung an mir ins Gegen-

teil verkehrte, könnte ich mit Ihnen harmonieren. Aber so kann und will ich nimmer leben und wenn ich ein Verbrechen begehe, sind nächst mir Sie schuld, Herr Hesse, der Sie mir die Freude am Leben nahmen. Aus dem "lieben Hermann" ist ein andrer geworden, ein Welthasser, eine Waise, deren "Eltern" leben. Schreiben Sie nimmer "Lieber H." etc, es ist eine gemeine Lüge.

Der Inspektor traf mich heute zweimal, während ich seinen Befehlen nicht nachkam. Ich hoffe, daß die Katastrophe nimmer lang auf sich warten läßt. Wären nur Anarchisten da!

H. Hesse,
Gefangener im Zuchthaus zu Stetten, wo er "nicht zur Strafe" ist. Ich beginne mir Gedanken zu machen, wer in dieser Affaire schwachsinnig ist. Übrigens wäre es mir erwünscht, wenn Sie gelegentlich mal herkämen.

Inspektor Pfarrer Schall an Johannes Hesse

Stetten, [14. September] 1892

Sehr geehrter Herr Hesse!

Mit innigem Mitleid für Sie habe ich Ihren Brief gelesen. Das hätte ich doch Hermann nicht zugetraut, daß er einen solch impertinenten Brief schreibt. Derselbe ist scheint's die Folge der abschlägigen Antwort, welche ich ihm wegen der Reise nach Bayern gegeben habe. Ich sagte ihm geradezu 1.) dürfe er nicht 2.) könne ihn der junge Podewils nicht einladen, da er selber nicht heim darf. Er leidet ebenfalls an moralischer Schwäche. Zu gleicher Zeit habe ich wieder ernstlich mit ihm gesprochen, über sein ganzes Benehmen Ihnen und Ihrer Frau gegenüber, habe ihm auch gesagt, daß es in seinem eigenen Interesse sei, das 4. Gebot zu halten. Denn so lange er nicht normal sei, könne er nirgends anders untergebracht werden. Auch solle er nicht glauben, daß man durch Geigen und Dichten sich durchs Leben bringe; das gebe nur verkümmerte Existenzen u.s.w. Immer wieder war der Refrain, daß ihm sein Vater versprochen habe, daß er nur vorübergehend hier sein müsse. Ich sagte ihm, was er brauche, sei eine strenge Zucht. Das ist meine Ansicht.

Die Drohung wegen des Versprechens [?] ängstigt mich nicht. Ich halte den ganzen Brief für eine Renommage und Pression, um von hier fortzukommen. Mir gegenüber ist er immer der vollendete Gehorsam. Er hat letzthin seinen Stundenplan nicht eingehalten. Ich sah nach und bemerkte ihm, daß er das zu tun habe, was ich ihm sagte. Sofort packte er seine Geige ein und ging an die Arbeit. Wie gesagt: ich kann mich über ihn nicht beklagen. Er ist auch im Verkehr mit seinen Kameraden heiter und vergnügt.

Daß er natürlich hier nicht den entsprechenden Umgang hat, gebe ich zu. Um so mehr soll er sich so verhalten, daß er bald von hier fortkommt.

Auf das Resultat Ihrer Beratung bin ich begierig. Nur ungern folge ich Ihrem Wunsch, Hermann nichts von dem Brief mitzuteilen.

Aber Ihnen zulieb unterlasse ich es. Ich hätte nur den einen Wunsch, daß ihn der liebe Gott recht krank werden lassen möchte, dann würde wahrscheinlich er das Sprüchlein lernen, das ich ihm letzthin ans Herz legte: Den Demütigen gibt Gott Gnade.

Mit dem herzlichen Wunsch, daß Hermann ein solcher Tag von Damaskus anbrechen und der HERR Ihre Kraft stärken möge, verbleibe ich

Ihr herz. teilnehm. Insp. Pf. Schall

Hermann Gundert an seinen Sohn Hermann

Calw, 19. September 1892

[...] Mit dem H. H. steht's fatal, der schreibt seinem Vater: Hochgeehrter Herr, bitte schicken Sie mir den Revolver oder 7 Mark, um einen zu kaufen, denn ich hätte schon vor Monaten krepieren sollen". Johannes ist aber so mitgenommen, daß er solche Briefe lieber selber nicht liest, geschweige denn beantwortet. Theodor und Karl sind auch beim H. in Stetten gewesen, haben aber natürlich nicht eingehen können auf das, was hier not tut. Doch hat Johannes dem Direktor der Anstalt den Brief geschickt, damit dieser aufpasse. Man redet auch von einem guten Plätzchen in Ludwigsburg, wo der arme H. so ziemlich aufgehoben wäre. Er könnte dann, wenn ihm so viel daran liegt im Lyzeum noch weiter lernen. Doch ist das alles Gott überlassen. So werden wir geübt im Glauben und Hoffen und Danken. [...]

H. H. an Johannes und Marie Hesse

Stetten, 22. September 1892

Liebe Eltern!

Verzeiht den letzten Brief, bitte! Ihr wollt mir wohl nimmer schreiben. Ich kann nicht fliehen, wohin sollte ich? Ich kann niemand mehr klagen und bitten, ich bin allein. Ich könnte mir's leicht machen, indem ich um Verzeihung bäte, aber ich tu es nicht, ich habe hier in Stetten abgebüßt. Aber niemand macht mir Hoffnung. Ich höre, daß Dr. Zahn ganz entschieden gegens Studium ist, Herr Inspektor schweigt, Ihr ebenso.

Jetzt erst, da ich Eure Liebe verloren, fühle ich, daß ich Euch doch so sehr liebe, aber ich möchte nimmer heim, ich kann es nicht. Schreibt nicht wieder von Eurer wohlmeinenden Liebe, sie besteht in Worten, vielleicht sogar in guten "Wünschen" und Gebeten, doch das ist Wahn, wertlos, wesenslos. Würde sich nicht vielleicht Pfarrer Pfisterer herbeilassen, mich für Winter aufzunehmen? Ich schreibe dies zaghaft, aber es ist doch noch ein Schimmer von Hoffnung.

Wenn Ihr wüßtet, wie ich Stunde um Stunde mich auf Rettung, Besserung meiner Lage besinne, und am Abend keinen Trost habe, als daß wieder ein langer, langer Tag für ewig vorbei, unbenützt, aber doch vorbei! Aber Ihr glaubt mir nimmer, ich habe den Kredit verloren.

Bitte schreibt mir, was ich machen kann, um fortzukommen, fort von hier, unter Menschen. Ihr könnt mich nie verstehn, aber wenn Ihr ein Herz habt, so müßt Ihr mich bemitleiden, oder besser, mir zu helfen suchen. Aber ich habe etwa schon 4 Briefe des Inhalts geschrieben und immer umsonst. Bitte, bitte, überlegt Euch meinen Vorschlag, aber nicht wochenlang. Bald werde ich nimmer der Schuldner sein, ich habe bald alles, alles: gebüßt.

Aber bitte Antwort und nicht allzu spät.

[Unterschrift steht mit Bleistift:] dann am 5. Oct. nach Basel.

Johannes Hesse an H. H.

Calw, 23. September 1892

Lieber Hermann!

So, jetzt kann ich Dir doch wieder antworten. Ich verlange gewiß nicht, daß Du weiter um Verzeihung bittest. Dein letzter Brief ist üns genug. Er sagt, daß es Dir wehtut, innerlich von uns getrennt zu sein. Sobald das ausgesprochen ist, kann die Trennung aufhören. Wir spüren jetzt wieder, daß Du selbst, daß Dein Herz zu uns redet und nicht irgend ein fremder böser Geist, dem Du Dich momentan hingegeben.

Wir haben nicht im Sinn, Dir das Studium unmöglich zu machen. Im Gegenteil, während und ehe Du Deinen letzten Brief schriebst, waren wir bereits in Unterhandlung mit jemand, bei dem Du wohnen und von wo aus Du einstweilen wenigstens einige Stunden des Tages in ein Gymnasium oder dergleichen gehen könntest.

Also, bitte, nur noch ein wenig Geduld. Wir tun was wir können und betrügen Dich nicht. Jetzt schreiben wir auch an Pfarrer Pfisterer, und zwar heute noch. Doch wird es wohl eher mit dem andern Ort, den ich jetzt noch nicht nennen kann, als mit Basel etwas werden. Nicht, daß wir gegen Basel wären, aber im Knabenhaus wird schwerlich Platz für Dich sein. Bald mehr!

In unveränderter Liebe
Dein Papa H.

Pfarrer Pfisterer an Johannes Hesse

Basel, 24. September 1892

Lieber Freund!

Mit herzlicher Teilnahme habe ich das Ergehen Eures Hermann seit dem Zusammentreffen mit Deiner l. Frau in Stuttgart verfolgt und mich oft in Gedanken mit dem armen Jungen beschäftigt, auch hab ich, seit ich von G. Hermelink, der drei Wochen hier war noch [unleserlich], daß er in Stetten sei, vernahm, ein paarmal zu meiner Frau gesagt, ich hätte ihn ganz gern einmal wieder ein wenig unter Augen. Nun erhielt ich heute die Briefe und sehe aus dem von H., daß er auch an mich denkt und Zutrauen zu mir hat. Er hat mir auch letztes Jahr nach dem Tod meiner l. Marie einen rührenden Brief geschrieben, aus dem ich sehe, daß er mich lieb hat. Ich habe nun über die Sache nachgedacht und auch mit H. Inspektor gesprochen und bin zu dem Resultat gekommen: Vom 1. Oktober haben unsere Kinder und auch mein Heinrich, sein Altersgenosse, der das Gymnasium besucht, Ferien. Die Knaben haben ihr Turnfest, Heinrichs Ferien dauern 2 1/2 Wochen. Wenn er über diese Zeit hier wäre, so denk ich, es würde ihn auch anheimeln und Heinrich könnte sich mit ihm abgeben. Derselbe hat Geschick, allerlei zu fabrizieren, hat Interesse für Mineralogie, hat sich eine Steinsammlung angelegt; das würde H. wohl interessieren. Würde es ihm gefallen, daß man merkt, daß er ruhiger würde, so könnte er länger da sein, bis sich etwas für ihn fände. Ihn hier ins Gymnasium zu schicken kann ich nicht empfehlen, selbst wenn er angenommen würde. 1.) glaub ich nicht, daß die Basler Buben ihn etwa mit Liebe und Rücksicht auf seinen Gemütszustand aufnehmen würden, es wird kaum an Streitereien fehlen. 2.) hat es im Gymnasium auch schlimme Elemente; ich hörte, es gebe selbst solche, die in schlechte Häuser gehen. 3.) in die Klasse, in die er eintreten könnte, paßte er nicht; in den alten Sprachen war er voraus, in Französisch, Mathematik und Naturwissenschaften hinten nach.

Wenn sich ein nicht zu sehr beschäftigter jüngerer Pfarrer fände, der in der Philologie gut beschlagen, anregend, eine Hauptsache, die man nicht voraus wissen kann, ihm sympathisch wäre. Er müßte aber Gelegenheit haben, neben dem Studieren Hausgeschäfte zu tun, Holz sägen und spalten und dauert es lange, gegen Frühjahr Gartenarbeit. Hätte der Pfarrer Filialen, so könnte er ihn auch je und je in die Schulen begleiten. -

Ich könnte ihm bei längerem Aufenthalt bei etwaigen Studien nicht an die Hand gehen. Ich bin mit 36 Stunden im Winter, Correkturen etc und Hausvaterarbeiten genug beschäftigt.

Wenn Du und Deine liebe Frau ihn für kürzere Zeit, und wenn es ihm gut tut, für etliche Wochen länger senden wollt, wird er mir und meiner lieben Frau willkommen sein. Kann er allein reisen, so ist die Sache einfach; geht das nicht, so ist es freilich ein Aufwand, ihn bringen, vielleicht in kurzer Zeit wieder holen. Das müßt Ihr selbst überlegen. Seid Ihr damit einig, so seid gut und schicket ihm dieses Brieflein.

Es ist mein herzlicher Wunsch und Bitte, der HERR möge den armen Menschen zu recht bringen. Mit herzlichen Grüßen an Deine liebe Frau, Papa und Sohn Gundert, und Herrn Dekan Brauns in aufrichtiger Teilnahme

Dein Pfisterer

H. H. an Johannes Hesse

[Stetten, 24. September 1892]

L[ieber] P[apa]!

Viel Dank für Brief. Bitte Näheres, sobald möglich! Nicht wahr? Mir gehts gut. Ich bitte Dich, die Sache mit Herrn Inspektor etc möglichst klar auszumachen.

Also nicht wahr, Du klärst mir Alles bald auf!
Mit Gruß Hermann

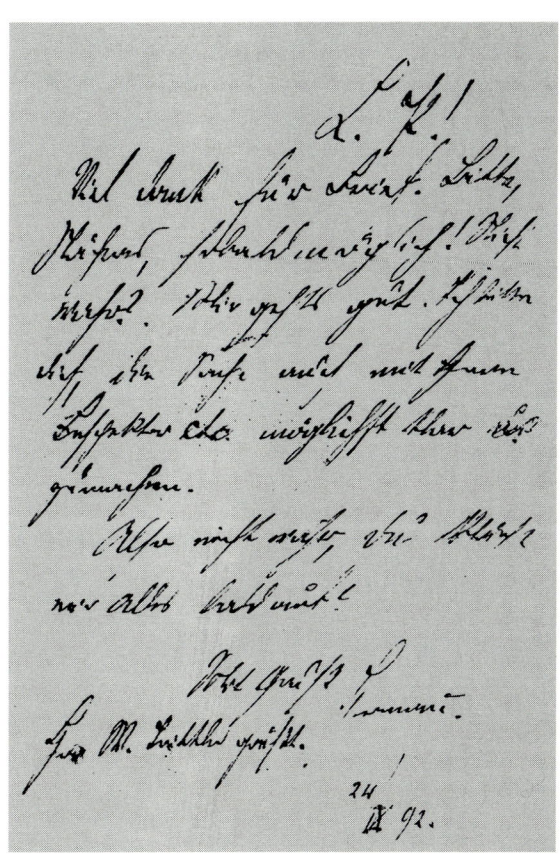

H. H. an Johannes Hesse

[Stetten, 1892]

L. P.

Erlaube mir nur, in Eile mitzuteilen, daß schnelle Antwort nötig wäre und bestimmte. Es geht immer gleich. Heute (Mittwoch) in 8 Tagen ist Jahresfest der Anstalt. Näheres ein andermal!

Hermann Hesse

Näheres kann ich per Karte nicht mitteilen.

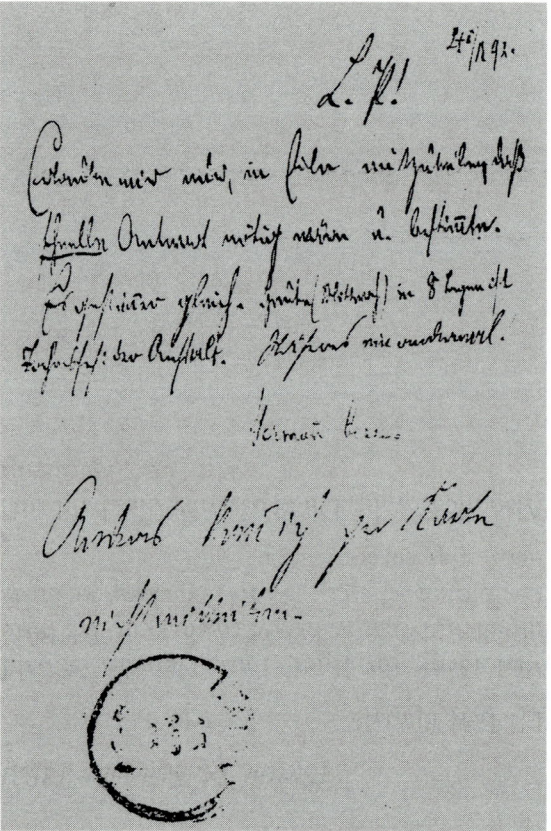

Pfarrer Pfisterer an H. H.

Basel, 25. September 1892

Lieber Hermann!

Als Du von Basel fortgingst, habe ich Dir gesagt, Du könntest ja auch später einmal zu uns in die Ferien kommen. Ich habe das nicht vergessen, Du wohl auch nicht. In den letzten 1 1/2 Jahren konnte davon keine Rede sein nach dem Tod meiner sel. Frau, so lange keine Frau im Haus war. Das ist nun Gott sei Dank wieder anders, und so würde es mich recht freuen, wenn Du Ende dieser oder Anfang nächster Woche zu uns kommen könntest. Unsere Knaben haben dann noch Ferien, halten nach Gewohnheit ihr Turnfest. Heinrich, der das Gymnasium besucht, hat bis Mitte Oktober frei. Mit ihm könntest Du als alter Klassengenosse zusammen sein und das Leben und Treiben, zumal in den Ferien und beim Turnfest, würde Dich gewiß anheimeln, wenn Du gleich viele Knaben nicht mehr kennst. Gefällt es Dir, so kannst Du auch noch länger hier sein. Also wenn es Deinen Eltern recht ist und Du uns gerne besuchst, wirst Du uns recht willkommen sein.

In herzlicher Liebe
Dein alter Lehrer und Freund Pf. Pfisterer

Johannes Hesse an H. H.

Calw, 27. September 1892

Lieber Hermann!

Deine Karte hab ich richtig erhalten. Und hier ist auch schon die Antwort aus Basel! Pfarrer Pfisterer ladet Dich ein, während der Knabenhausvakanz etwa vom 1. Oktober an bei ihm zu sein. Er hat Dir selbst geschrieben. Wir freuen uns für Dich und denken, Du könntest nächsten Montag oder auch schon Samstag nach Basel reisen. Onkel David wird so gut sein, einen passenden Zug auszuwählen, Dich auf dem Stuttgarter Bahnhof zu empfangen und Dir dort das Billet bis Basel zu geben. Nach 7 oder 7 1/2 Abends solltest Du dort nicht ankommen.

Ich hoffe, am Basler Bahnhof wird jemand sein, Deinen Koffer zu nehmen und Dich ins Knabenhaus zu begleiten. Du kennst doch noch den Gärtner Greule, der bei Karch [Kasch?] hier war? Der ist jetzt in Basel und vielleicht kann er Dir an den Bahnhof entgegengehn. Alles Weitere wegen Reise etc wirst Du von Onkel David oder Herrn Pfr. Schall hören. - Mama liegt seit Sonntag mit gastrischem Fieber zu Bett und ich hab arg viel Geschäft. Daher muß ich eilen. Zeige den Brief aus Basel auch Herrn Pfarrer Schall!
Herzlich grüßend Dein Papa H.

Marie Hesse an Hermann Gundert

Calw, 1. Oktober 1892 *

* [Beide sind in Calw, aber beide bettlägerig.]

[...] Heute hat unser armer Hermann einen wunderschönen Tag zu seiner Reise nach Basel. Es ist mir eine wahre Erleichterung, mir ihn heute recht fröhlich vorzustellen. Pfisterers liebevolle Einladung an unser liebes Kind ist mir ein ganzes Gnadengeschenk Gottes. Er wird auch weiter Wege bahnen. Wenn nur H. zum Frieden mit Gott käme, dann schiene alles für ihn und uns leichter zu tragen. Daß ich krank geworden bin, ist mir nicht gerade verwunderlich. Ich sagte mehrmals zu Adele, wenn die Unruhe so groß war, es gehe über meine Kraft, neben dem Kummer, der einem am Herzen nagt. [...]

Hermann Gundert an seinen Sohn Hermann

Calw, 3. Oktober 1892

[...] Die liebe Marie ist eben fortwährend krank an gastrischem Fieber darf fast nichts essen und niemand sehen und an all dem ist ihr armer H. H. schuld, der hätte am Samstag einer Einladung Pfisterers nach Basel folgen sollen; in Stuttgart hätte David das Billet für ihn besorgt, da pfuscht uns sein Bruder Theodor drein, ladet ihn nach Waiblingen ein zu Cannstatter Freunden und behält ihn scheint's über Nacht und so wird also die Reise vereitelt und wir wissen nicht, wie es weiter geht. Eine gewichtige ärztliche Stimme sagt uns, er leide an primärer Verrücktheit und da ist sehr wenig Aussicht auf Heilung, wir können nichts tun als ihn dem Herrn befehlen, daß er ihn unter seine Langmut und Geduld nehme und die Sache hinausführe zu seiner Ehre. Sieht man freilich, wie die Eltern mitgenommen sind, so überfällt einen das innigste Mitleid. Jetzt gerade ist Johannes in Pforzheim, um Pfarrer Schall zu sehen, der von Wildbad nach Stetten durchreist. Er hat ihm Mitteilung zu machen, und will auch von ihm hören, wie der Stettener Arzt die Sache ansieht. [...]

Nun will ich also morgen Hermann schicken mit dem Zug, der morgens 6 Uhr 40 in Stuttgart ankommt. Mit dem Lösen der Fahrkarte unterwegs sollte es keine Schwierigkeiten geben, da man doch die Karte in Stuttgart lösen kann. Möge es auch von dieser Reise heißen wie von der Eliesers: Der HERR hat Glück zu meiner Reise gegeben.

Mit freundlichen Grüßen
Ihr erg. Insp. Pf. Schall

Inspektor Pfarrer Schall an David Gundert

Stetten, 4. Oktober 1892

Sehr geehrter Herr Gundert!

Ich habe mit Herrn Dr. Habermaas heute früh gesprochen. Er meint, daß man Hermann nach Basel ziehen lassen soll. Er sei der Ansicht, daß der Einfluß von Herrn Pfarrer Pfisterer gewiß ein günstiger sein werde. Das Prognostikon mit primärer Verrücktheit möchte er noch nicht stellen. Es könnten die Erscheinungen des Anfangsstadium sein, aber sicher möchte er das jetzt noch nicht aussprechen. Es wäre das allerdings, wie Herr Hesse sich ausdrückte, das Todesurteil. Hoffen wir zu Gott, daß die Sache nicht so schlimm steht.

Inspektor Pfarrer Schall an Johannes Hesse

Stetten, 10. Oktober 1892

Sehr geehrter Herr Hesse!

Sie werden nicht wissen, warum ich so lange schweige. Ich hatte nämlich im Sinn, wenn ich meine Frau im Wildbad abhole, über Calw zu fahren. Nun telegraphierte sie mir Freitag Nachmittag, daß ich kommen soll. Da mußte ich über Mühlacker fahren, sonst wäre ich nicht mehr hinge-[kommen].

Ich hatte nun im Sinn, Montag 8 Uhr 30 von Wildbad über Calw nach Haus zu reisen und nahm deswegen wie das erstemal eine einfache Karte über Mühlacker. Wie es nun Freitag Vormittag so regnete, faßten wir den raschen Entschluß über Mühlacker heimzufahren, als es über Calw nicht reichte. So wurde leider aus einem Besuch wieder nichts.

Hermann ist vergnügt letzten Mittwoch abgereist, hat auch seinem Freund hier schon geschrieben. Dienstag Abend war er ganz munter bei uns mit seinen Kameraden als der normalste Mensch. Ich habe ihm noch die nötigen Ermahnungen mit auf den Weg gegeben und ernstlich mit ihm geredet.

Meine liebe Frau habe ich in Ludwigsburg gelassen, da sie ihren Husten noch immer nicht verloren hat. Wenn ich sie abhole, will ich mit Herrn Oberamtsarzt Zeller wegen Hermanns sprechen, da ich das ärztliche Gutachten nicht für ganz richtig halte. Oder wollen Sie es in Hammetweil probieren? Ich bitte Sie, mir Ihren Entschluß mitzuteilen.

Ihr Herr Schwager ist für Ludwigsburg eingenommen.
Was haben Sie von Basel für Nachrichten?
Mit freundlichen Grüßen
Ihr ganz erg. Insp. Pf. Schall

Inspektor Pfarrer Schall an Johannes Hesse

Stetten, 10. Oktober 1892

Sehr geehrter Herr Hesse!

Hiemit erlaube ich mir bestens dankend Ihnen die Quittung zuzustellen.

Was denken Sie denn aber uns wieder so treffliche Bücher aus Ihrem Verlag zuzustellen? Besten Dank dafür.

Herrn Bräuninger habe ich noch ausführlich geschrieben und den Brief zugeschickt. Viel Aufenthalt und Arbeit im Freien wird Hermanns Nerven gewiß kräftigen. Es wird sich ja dann entscheiden, was aus ihm zu machen.

Ist die Diagnose "primäre Verrücktheit" richtig, so gibt es oft allerdings zur Zeit der Pubertät einen Stillstand. Ich gebe zu, daß manche Erscheinungen bei ihm dafür sprechen. Aber auf der anderen Seite spricht auch manches dagegen. Vorerst möchte ich doch an moral insanity festhalten - und diese ist heilbar. Es scheint mir zu Hermanns Gunsten der Umstand zu sprechen, daß er sich im Verkehr mit seinen Kameraden, wenn er sich nicht beobachtet wußte, so ganz natürlich gegeben hat, frisch und munter gewesen ist.

Ich denke in einem wie im andern Fall wird die landwirtschaftliche Beschäftigung gut sein.

Erst nach seinem Weggang habe ich gehört, daß Hermann als Beweis für seine schwachen Nerven - bei Nacht Angst gehabt habe; da habe er nie allein sein wollen. Das erklärt mir auch sein Übernachten bei seinem Bruder. Die Bräuningerschen Leute sind sehr gemütlich. Es hätte da schönen Familienanschluß. Es sind doch noch alle diejenigen Leute, welche wir von unserer Anstalt aus dorthin gebracht haben, recht gern daselbst gewesen. Wir haben schon 3 Zöglinge dort untergebracht.

Die Hauptsache scheint mir zu sein, daß Hermann nun körperliche Arbeit als Mittel zum

Zweck ansieht und sich willig derselben unterzieht. Je nachdem könnte es sich ja fragen ob man das Studieren im Interesse seiner Gesundheit nicht aufgeben soll. Nun die Zeit wird's lehren, aber der HERR wirds auch versehn.

Daß es Ihrer l. Frau wieder besser geht, freut mich recht. Meine Frau ist noch in Ludwigsburg, hat aber Husten und Heiserkeit noch nicht verloren. Und doch steht der Winter vor der Tür.

Mit dem herzlichen Wunsche, daß es auch bei Hermann wahr werden möge "durch Nacht zum Licht" verbleibe ich mit freundlichen Grüßen an Sie und Ihre Frau und Herrn Schwiegervater
    Ihr erg. und teilnehmender Insp. Pf. Schall

Inspektor Pfarrer Schall an Johannes Hesse

Stetten, 23. Oktober 1892

Geehrter Herr Hesse!

Herr Bräuninger schreibt mir, daß er leider keine Stelle offen habe. Was zu tun?

Ich denke an den Pächter des Eilfingerhofs bei Maulbronn Josenhans, Sohn des Kaufmanns Josenhans, Stuttgart, Marktstraße. Ich kenne ihn und seine Frau persönlich. Beide würden sich vortrefflich eignen. Ich suche für einen früheren Zögling von uns, der ebenfalls in Hammetweil früher war einen Platz und denke auch für ihn bei Josenhans anzufragen. Er ist ein ruhiger Mensch, der früher das Gymnasium besuchte, aber älter ist als Hermann. Er würde auf ihn einen guten Einfluß ausüben.

Wenn es Ihnen recht ist, frage ich an. Ich erwarte aber vorher Ihre Zustimmung, ob Hermann nicht die Nähe des Seminars geniert. Besten Dank für die Zusendung; lege einen Brief Hermanns bei.
    In aller Eile mit freundlichen Grüßen
    Ihr erg. Insp. Pf. Schall

Inspektor Pfarrer Schall an Johannes Hesse

Stetten, 25. Oktober 1892

Sehr geehrter Herr Hesse!

Unsere Briefe haben sich gekreuzt. Ich war gestern in großer Eile. Ich mußte zu einer Audienz zum Minister nach Stuttgart und in eine Sitzung, hatte auch einen schwerkranken Zögling, der jetzt gestorben ist. Hermanns Brief beizulegen habe ich vergessen.

Wenn Josenhans Hermann nehmen würde, wäre gesorgt. Er ist ein junger, tüchtiger, energischer und freundlicher Mann.

Der andre junge Mann, für den ich Unterkommen suche, ist ein braver, solider, stiller Mensch aus Heidelberg, fleißig, ganz geordnet, hat solide Kenntnisse. Er würde einen ganz guten Einfluß auf Hermann ausüben.

Mein einziges Bedenken ist das, ob nicht das Kloster zu nah ist. Doch könnte Herr Josenhans dafür sorgen, daß Hermann nicht nach Maulbronn kommt, wenn es ihn geniert. Im Übrigen ist er in den Augen seiner früheren Kameraden einfach ein Praktikant.

Ich bitte um einen gefälligst umgehenden kurzen Bescheid, ob ich anfragen soll oder nicht. Da ich mich auch da und dort erkundigt habe, so hörte ich von zwei Pfarrhäusern, welche schon junge Leute aufgenommen haben:

Pfarrer G. Klaiber in Gräfenhausen
Pfarrer Kappus in Entringen.

Besten Dank für Ihre freundliche Zusendung der Schlußlieferung. Es soll mir das treffliche Werk jederzeit eine liebe Erinnerung an den freundlichen Geber sein.

Mit herzlichen Grüßen
Ihr erg. Insp. Pf. Schall

Inspektor Pfarrer Schall an Johannes Hesse

Stetten, 3. November 1892

Sehr geehrter Herr Hesse!

Gestern war Herr Praezeptor Geiger hier, um sich wegen Hermann zu erkundigen. Ich habe ihm sehr zugesprochen und gesagt, daß, wenn ich Lehrer oder irgendwo Pfarrer wäre, ich sofort ihn nehmen würde, daß ich gar keine Schwierigkeiten mit ihm gehabt habe und es eben darauf ankomme, daß er eine feste Autorität über sich habe, unter welche er sich fügen müßte.

Er würde ihn nun ins Haus aufnehmen. Ich habe ihn nun für diesen Fall gebeten, ihn hie und da mit einem Kameraden zum Besuch hieher zu lassen.

Wird die Sache perfekt, bitte ich um gefällige Benachrichtigung, damit ich die Geige dorthin schicken kann, da ich dieselbe noch hier habe.
Mit freundlichen Grüßen von Haus zu Haus in der Hoffnung, daß die Schwalbe endlich ein Nest gefunden hat.

Ihr erg. Insp. Pf. Schall

Inspektor Pfarrer Schall an H. H.

Stetten, 4. Januar 1893

Lieber Hermann!

Besten Dank für Ihren freundlichen Glückwunsch zum neuen Jahr. Gebe Gott, daß Ihnen das Jahr 1893 ein Jahr des Heils in jeder Hinsicht werden und die Sonne der Freundlichkeit Gottes Ihren Lebensweg erhellen möge. Sie haben ja gewiß zunächst alle Ursache zu danken, daß das Jahr 1892 für Sie in so erfreulicher Weise abgeschlossen hat. Gott helfe weiter. Ich habe in meiner Christtagspredigt in der Einleitung gesagt, daß die Weihnachtsbotschaft heißt: Es ist erschienen die Freundlichkeit und Leutseligkeit Gottes unseres Heilandes; daran knüpft sich aber auch die Weihnachtsermahnung: Eure Lindigkeit lasset kund werden allen Menschen. So erfahren Sie auch noch etwas von den Stettener Predigten. Kommen Sie einmal selber hieher, das ist umso besser. Tom ist gegenwärtig zu Haus. Arthur war auch etl. Tage daheim, ebenso Hauer, Lerssler und Geyer. In Fritz Stälin haben wir einen Ersatz für Sie bekommen. Er kam in das Zimmer von Fritz Grävenitz, welcher von seinem schweren Leiden erlöst worden ist. Ihre Handschrift dürfte immer noch schöner und gleichmäßiger sein.

Mit freundlichen Grüßen, auch an Ihre
Eltern Ihr
Insp. Pf. Schall

Inspektor Pfarrer Schall an Johannes Hesse

Stetten, 6. April 1893

Sehr geehrter Herr Hesse!

Ihr Brief hat uns mit tiefer Wehmut erfüllt, Ihretwillen, um Ihrer Frau und Hermanns willen. Ich war der frohen Hoffnung, daß alles leidlich gehe. Nur das machte mich allerdings stutzig, daß Hermann trotz der Nähe von Cannstatt hieher auch nicht ein einzigesmal sich veranlaßt gesehen hat, bei uns einen Besuch zu machen.

Das sind freilich trostlose Nachrichten, welche Sie uns geben. Es ist mir freilich nicht ganz klar, wie der Herr Präzeptor, bei welchem Hermann ist, es leidet, zumal das Wirtshausgehen auch durch die Schulordnung verboten ist. Gebe Gott, daß Hermann doch noch von diesem krankhaften, unglücklichen Hang los wird und in geordneten Bahnen sich bewegt. Was Ihre Anfrage wegen des Schönbühls betrifft, so geht heute ein Jahresbericht an Sie ab.

Vorstand ist Pfarrer Blessing in Weiler bei Schorndorf. Es sind dort schon hie und da Zöglinge aus besseren Familien zur Correction gewesen, so vor einigen Jahren ein Franzose, das enfant terrible der Familie, der total umgewandelt wurde. Eine geschlossene Anstalt ist aber der Schönbühl nicht. Ich glaube, Schönbühl sollte das ultimum refugium sein. Ich bin mir nicht recht klar, ob er dorthin paßt. Ich werde auf jeden Fall vorher nachsehen. Hermann ist von hier aus schon einmal mit einem Vetter von mir, den er begleitete, dort gewesen.

Vorher würde ich es doch bei einem Ökonomen, welcher auf seine Leute ein strenges Augenmerk hat, probieren, etwa bei dem Bruder von B. in Hammetweil, bei August B., Domänepächter in Hohenbuch bei Waldenburg. Ich habe dorthin schon zweimal von hier aus junge Leute gebracht.

In herzlicher Teilnahme mit freundlichen Grüßen von Haus zu Haus
Ihr erg. Insp. Pf. Schall